L'INVESTISSEUR

Méthode et attributs de l'investisseur avisé

MICHEL BELL

L'INVESTISSEUR

Méthode et attributs de l'investisseur avisé

Les Éditions Marina
1999

Données de catalogage avant publication (Canada)

Bell, Michel, 1959-
L'Investisseur: méthode et attributs de l'investisseur avisé
Comprend des réf. bibliogr.
ISBN 2-9806536-0-8

1. Investissement. 2. Investisseurs. 3. Gestion de portefeuille. 4. Marché financier. 5. Valeurs mobilières. I. Titre.

HG4521.B44 1999 332.6 C99-941438-0

Dépôt légal : 1999
Bibliothèque nationale du Canada
Bibliothèque nationale du Québec

Les Éditions Marina
92, chemin du Godendard, C.P. 1851,
Lac-Beauport, Québec G0A 2C0
ISBN 2-9806536-0-8

Vous exercez un métier, une profession,
vous accomplissez un travail...
Donc, selon le cas, vous recevez
régulièrement
une paie, des honoraires,
des droits d'auteur,
une commission, un pourboire,
une allocation, un cachet
ou quoi encore.
L'investisseur, lui, sait qu'il recevra,
plus tard,
tous les fruits
de sa patience et de sa persévérance.

TABLE DES MATIÈRES

Ceux qui ne visitent les tables des livres qu'afin de choisir les matières qu'ils veulent voir, et de s'exempter de la peine de lire le reste, ne tireront aucune satisfaction de celle-ci : car l'explication des questions qui y sont marquées dépend quasi toujours si expressément de ce qui les précède, et souvent aussi de ce qui les suit, qu'on ne la saurait entendre parfaitement si on ne lit avec attention tout le livre.[1]

– Descartes

Page

Avertissement

Ce livre constitue un guide général qui aidera le lecteur à acquérir des connaissances dans le domaine des placements dans les valeurs mobilières. Toutefois, son but n'est pas de traiter les différents sujets de manière approfondie. Ce livre n'a pas pour objectif de remplacer les conseils spécialisés que tous les investisseurs se doivent de demander en tenant compte de leur situation avant de prendre une décision de placement. Les renseignements fournis ont été obtenus de sources que l'auteur juge fiables. Leur exactitude ne peut être garantie bien que toutes les mesures nécessaires aient été prises à ce sujet. Les titres mentionnés dans le texte le sont uniquement à titre d'exemple et aux fins de la discussion. Il ne s'agit nullement de recommandations d'achat ou de vente.

Les commentaires et points de vue exprimés dans ce livre sont uniquement ceux de l'auteur et ne peuvent être attribués à une société ou à un autre organisme auquel l'auteur est lié.

Avant-propos

Au cours des dix ou douze dernières années, j'ai beaucoup lu sur le monde de la finance en vue d'en mieux connaître les rouages et de me tenir au courant des grandes tendances des marchés financiers. Dans plusieurs livres j'ai, bien sûr, trouvé des données intéressantes sur les marchés, des études bien documentées sur les principaux phénomènes qui ont marqué l'évolution de ceux-ci, des analyses et des critiques de différentes stratégies de placement, les résultats obtenus par divers véhicules financiers au cours des récentes années, etc.

Tout en continuant à m'intéresser à ces éléments, j'ai graduellement porté un intérêt particulier aux ouvrages qui traitent des réussites de sociétés ou d'individus, aux biographies de grands investisseurs – des champions dans leur domaine – et aux analyses dans lesquelles les facteurs humains étaient largement pris en compte[1].

Ensuite, de façon inconsciente puis consciente, je me suis mis à chercher un livre écrit dans un style simple, direct et concis, un livre dépouillé de l'appareillage mathématique et statistique qu'on retrouve habituellement dans les documents portant sur l'investissement, un livre traitant essentiellement des attitudes et du comportement des hommes et des femmes qui font des placements, et qui les aiderait à être des investisseurs efficaces, voire à devenir riches.

Comme je n'ai pas trouvé le livre que je cherchais, j'ai décidé de l'écrire !

Je me suis donc donné un temps de réflexion et de recherche[2] au cours duquel je me suis systématiquement penché non pas sur l'investissement ou sur les marchés, mais bien sur l'investisseur lui-même. Avant même de m'engager dans cette démarche, je savais évidemment qu'il m'était déjà arrivé de commettre des erreurs en tant qu'investisseur. J'ai graduellement mieux compris la nature de ces erreurs ainsi que les raisons et les circonstances qui m'avaient amené à les commettre.

* * *

Soyons clairs. Si vous avez déjà lucidement choisi de vous en remettre au hasard et à la chance pour devenir riche, ne perdez pas votre temps à lire les pages qui suivent : continuez à troquer vos billets de banque pour des billets de loterie, à fréquenter les casinos et à « jouer à la Bourse » en cherchant à « tomber » sur le titre boursier qui vous mènera à la fortune. Un jour, ce sera peut-être votre tour !

De même, ne perdez pas votre temps à lire ce livre si c'est la spéculation qui vous intéresse et non l'investissement... à moins que vous ne commenciez à douter de la pertinence et de l'efficacité de votre approche.

En fait, ce livre ne vous intéressera vraiment que dans la mesure où vous voulez investir dans des titres de croissance, où vous êtes à la recherche de façons de faire pour devenir un investisseur averti, une personne qui prend des moyens efficaces et éprouvés de faire croître son avoir[3] et, pourquoi pas, une personne qui croit qu'elle peut devenir riche.

Ce livre pourra aussi intéresser les hommes et les femmes dont l'avoir a déjà atteint un niveau appréciable; ils trouveront dans certaines pages des éléments de réflexion qui les confirmeront dans leurs choix antérieurs ou qui consolideront des orientations qui, toutes lucides et cohérentes qu'elles soient, n'en restent pas moins soumises à d'insistantes pressions qui peuvent les conduire à verser dans des travers propres aux spéculateurs.

* * *

Quelques mots sur la structure de ce livre. Après un chapitre d'introduction intitulé « Les riches », on trouve une section portant sur la méthode que je propose aux investisseurs qui veulent s'engager dans un processus d'enrichissement. Suit une section sur les attributs et les attitudes que l'investisseur doit avoir ou doit acquérir pour tirer profit de la méthode proposée. Ensuite, un chapitre sur mes « champions », quelques miscellanées et des suggestions de lectures. Enfin, une brève conclusion.

Les riches

Qui sont les riches? Comment sont-ils devenus riches? À partir de quel seuil d'accumulation de biens considère-t-on que quelqu'un est riche?

Chercher des réponses satisfaisantes et convaincantes à ce type de questions est une entreprise qui ne mérite pas qu'on s'y arrête. Pourquoi? Parce que, si on fait exception des listes des hommes et des femmes les plus riches que dressent certains médias, les réponses qu'on risque d'obtenir seront largement fondées sur des critères très subjectifs, ou sur des approximations très éloignées de la réalité. C'est que, de façon générale, on a tendance à considérer comme étant riches les personnes qui ont beaucoup plus d'argent que soi.

Dans une étude publiée en 1991, Paul-Loup Sulitzer présente « Trente histoires vraies, trente histoires sorties de l'Histoire. Et, à travers elles, une histoire, celle de l'or, de la finance, de la richesse [...]. La richesse est une bagarre. Elle va avec le mouvement : celui des choses et des idées »[1]. De toute évidence, c'est sur le caractère tout à fait extraordinaire des riches et de leurs richesses que s'est appuyé Sulitzer pour faire son choix.

Chaque année, des magazines présentent des listes de toutes sortes nous permettant de suivre l'évolution des grandes entreprises et des grandes fortunes. Par exemple, dans son numéro du 5 juillet 1999, le magazine américain *Forbes* dressait la liste de 200 milliardaires considérés comme étant encore actifs sur le marché du travail. Deux autres catégories de milliardaires (en dollars américains, bien sûr) étaient aussi identifiées : d'une part, les rois, les reines et les dictateurs; d'autre part, les détenteurs et les détentrices de titres ne vivant que des fruits de leurs placements[2].

Ces grands riches, auxquels s'ajoutent quelques as en voie de devenir milliardaires eux aussi, ont fait fortune dans les domaines les plus variés, des ressources naturelles aux médias en passant par les entreprises de fabrication et de distribution, les technologies de l'information et des communications, le monde de la finance, etc.

Les riches, qu'il s'agisse des milliardaires identifiés par *Forbes*, des millionnaires d'un pays donné, des propriétaires terriens d'une région ou des grands personnages dont parle Sulitzer, les riches ne forment pas une catégorie homogène et ils ont connu des cheminements qu'il n'est pas facile de loger dans des modèles ou dans des cadres aux contours bien définis.

D'ailleurs, si, à des gens que vous savez posséder beaucoup d'argent, vous posez la question « Êtes-vous riche? » ou encore « Vous considérez-vous comme une personne riche? », vous avez bien peu de chances de recevoir des réponses précises; elles seront plutôt assaisonnées d'une panoplie de nuances, comme celles-ci :

- « Disons que je suis financièrement assez à l'aise pour me permettre de bien vivre et de ne pas trop me préoccuper de l'avenir. »

– « Je ne sais pas si on peut dire que je suis riche. Je ne le suis sûrement pas si on me compare à un multimillionnaire. »
– « Je n'ai pas à me plaindre mais je dois continuer à accumuler de l'argent... on ne sait jamais ce que l'avenir nous réserve. »

Et chacune de ces réponses peut venir de quelqu'un dont l'avoir s'établit aussi bien à 500 000 $ qu'à 100 millions de dollars. Car les personnes qui ont beaucoup d'argent considèrent aussi que seuls ceux et celles qui ont beaucoup plus d'argent qu'elles sont vraiment riches.

Quand on parle des riches, on a aussi tendance à identifier sommairement la source de leur richesse. Ainsi, on dira :

– « Il n'a pas de mérite... sa fortune lui vient de son père » (On emploiera même l'expression populaire « Son père est né avant lui. »)
– « Elle a eu de la chance d'être dans un groupe qui a gagné 10 millions $ au 6/49. »
– « Il a mis sur pied une entreprise dans un créneau très payant et il l'a revendue à prix fort à une multinationale. »
– « C'est une vedette de la Ligue nationale de hockey. »
– « Elle a fait son argent en achetant des actions de compagnies qui, au cours des vingt dernières années, ont connu une grande croissance. »

DEVENIR RICHE

Si l'expression « être riche » n'est pas univoque, il en va de même de l'expression « devenir riche ». On peut bien sûr considérer qu'une personne ayant réussi à économiser 10 000 $ par année pendant 20 ans dispose d'un intéressant montant d'argent, ses placements ayant été augmentés des rendements annuels. Au lieu de parler ici d'une personne riche, on dira plutôt qu'il s'agit de quelqu'un qui a des épargnes ou un certain coussin de sécurité pour, par exemple, disposer d'un revenu suffisant lorsque viendra le temps de la retraite.

On ne s'enrichit pas vraiment lorsque son portefeuille passe de 100 000 $ à 110 000 $. On devient riche ou beaucoup plus riche, selon le cas, lorsque son avoir passe d'un ordre de grandeur à un autre, par exemple de 100 000 $ à 1 000 000 $ ou encore de 10 à 100 millions de dollars. Les écarts de 10 %, 20 % ou 30 % dans un portefeuille ne constituent que des fluctuations normales qui surviennent tout au long du processus d'enrichissement. Qu'elles soient à la hausse ou à la baisse sur une courte période de temps, ces fluctuations ne doivent ni nous enthousiasmer ni nous effrayer : elles font partie du processus d'enrichissement.

Je ne connais pas de gens que la perspective de devenir riche laisse indifférents[3]. Tous et toutes rêvent ou ont rêvé un jour de devenir riches – ce qui explique notamment l'immense succès des casinos et des loteries – sans pour autant avoir pris les moyens efficaces pour y parvenir.

C'est Tocqueville qui écrit :

> Dans les pays démocratiques, un homme, quelque opulent qu'on le suppose, est presque toujours mécontent de sa fortune, parce qu'il se trouve moins riche que son père et qu'il craint que ses fils ne le soient moins que lui. La plupart des riches des démocraties rêvent donc sans cesse aux moyens d'acquérir des richesses, et ils tournent naturellement les yeux vers le commerce et l'industrie, qui leur paraissent les moyens les plus prompts et les plus puissants de se les procurer.[4]

Bien sûr, le vieux dicton populaire reste vrai : « Il faut avoir de l'argent pour faire de l'argent ». D'où la nécessité d'épargner, de mettre d'abord en pratique les leçons de la fable « La cigale et la fourmi » de Jean de La Fontaine.

Devenir riche peut avoir quelque chose de mythique, en particulier lorsqu'on pense à ceux et celles qui ont accumulé les plus grandes fortunes. Mais, en fait, devenir riche ne présente rien de bien mystérieux et demeure un objectif réaliste pour un grand nombre de personnes capables de s'astreindre à la mise en œuvre d'une méthode efficace et, il faut bien le dire, exigeante à plusieurs égards.

La méthode

> Chercher une méthode, c'est chercher un système d'opérations extériorisables qui fasse mieux que l'esprit le travail de l'esprit.[1]
>
> –Valéry

La méthode que je propose à ceux et celles qui veulent être des investisseurs efficaces est essentiellement fondée sur cinq éléments qui peuvent prendre la forme des énoncés suivants :

Rechercher l'effet exponentiel.

Choisir des titres qui ont de bonnes chances de traverser le temps.

Se constituer un portefeuille modérément diversifié et bien ciblé.

Conserver longtemps les titres choisis.

Donner le moins possible de prise au fisc.

Il va de soi qu'une méthode ne serait pas digne de ce nom si elle était constituée d'éléments disparates, sans liens entre eux. Aussi, les cinq éléments de la méthode présentée ici sont-ils indissociables, formant un tout comme les cinq doigts de la main.

Cette approche vous paraît trop simple, voire simpliste? Si oui, c'est que vous êtes de ceux et celles qui croient que les gens riches sont des personnes d'une intelligence supérieure à celle de la majorité de leurs semblables, des personnes qui ont eu recours à des méthodes sophistiquées pour devenir riches.

Pourquoi faudrait-il que, pour être efficace, une méthode ou une approche soit complexe, compliquée et difficile à mettre en œuvre? Le bon sens veut pourtant qu'on mesure l'efficacité d'une chose à son résultat et non à la complexité du processus pour y arriver.

Comme je ferai souvent référence à Descartes tout au long de ce livre, aussi bien le citer dès maintenant à l'appui de la méthode que je préconise.

> Mais c'est un défaut commun aux mortels que de regarder les choses difficiles comme les plus belles; et la plupart des hommes croient ne rien savoir quand ils trouvent à quelque chose une cause tout à fait claire et simple, tandis qu'ils admirent les théories sublimes et profondes des philosophes, quoique le plus souvent elles reposent sur des fondements que personne n'a jamais suffisamment examinés: quels insensés, en vérité, de préférer les ténèbres à la lumière! Or il faut noter que ceux qui savent véritablement reconnaissent la vérité avec une égale facilité, qu'ils l'aient tirée d'un sujet simple ou d'un sujet obscur: c'est en effet par un acte semblable, un et distinct, qu'ils comprennent chaque vérité, une fois qu'ils y sont parvenus; toute la différence est dans le chemin, qui certainement doit être plus long, s'il conduit à une vérité plus éloignée des principes premiers et absolus.[2]

Et cette autre citation, aussi de Descartes:

> [...] ainsi que beaucoup d'artisans l'ont fait, cela est certain, pour leurs inventions, ils ont craint peut-être, qu'étant très facile et simple, leur méthode ne perdît de son prix une fois divulguée, et, pour que nous les admirions, ils ont

> préféré nous donner à la place, comme des fruits de leur méthode, quelques vérités stériles déduites avec subtilité, plutôt que de nous enseigner la méthode même, qui aurait fait disparaître toute admiration.[3]

Analysons maintenant chacun des cinq éléments de la méthode que je propose pour en mieux saisir le sens, la portée, les exigences et les promesses.

Rechercher l'effet exponentiel

Pour devenir riche, c'est-à-dire pour que son avoir passe d'un ordre de grandeur à un autre, il faut rechercher l'effet exponentiel, il faut se placer dans la situation où l'argent engendre l'argent dans une spirale de croissance.

Par exemple, comme on peut le voir à l'Annexe 1, un montant de 100 000 $ investi à un taux annuel de 10 % deviendra

259 374 $ après 10 ans,

672 750 $ après 20 ans,

1 744 940 $ après 30 ans et

4 525 926 $ après 40 ans.

Plus encore, comme en font foi les chiffres de l'Annexe 2, ce même montant de 100 000 $ ayant un rendement de 20 % par année deviendra

619 174 $ après 10 ans,

3 833 760 $ après 20 ans,

23 737 631 $ après 30 ans et

146 977 157 $ après 40 ans.

Poussons plus loin l'analyse. Prenons toujours ce même 100 000 $ à un taux de rendement de 20 % par année sur une période de 30 ans. Si vous vendez vos actions à chaque année, vous paierez alors l'impôt sur le gain en capital, et en réinvestissant chaque année le montant résiduel, votre capital vaudra 3 160 717 $ au bout de 30 ans. Par contre, si vous laissez vos gains en capital s'accumuler et ne payez l'impôt sur la totalité de ces gains qu'à la toute fin des 30 années, votre capital vaudra alors 14 518 955 $.

Votre persévérance vous rapportera alors 11 M $ de plus. Quelle récompense !

Imaginez maintenant ce même 100 000 $ divisé en dix portions de 10 000 $ et investi dans dix titres différents. Si un seul de ces titres donne un rendement de 20 % sur 30 ans, vous aurez près de 2,4 M $[4]. Il suffirait donc que deux des titres obtiennent un tel rendement pour que vous vous retrouviez en possession de près de 4,8 M $. Si les huit autres titres finissaient par ne rien valoir du tout – ce qui est statistiquement difficile à atteindre, même quand on tente de faire exprès –, vous aurez un résultat bien meilleur (4 747 526 $) que si chacun de vos dix titres avait obtenu un rendement de 20 % et que vous aviez déclaré chaque année vos gains (3 160 717 $).

Vous croyez qu'une telle réussite est utopique ? Pourtant l'histoire nous enseigne que de nombreux titres ont connu une telle performance sur une période aussi longue.

Dans l'exemple qui précède, on utilise dix titres comme cadre de référence ; on aurait pu tout aussi bien parler de 12, 18 ou 22 titres différents. De même, pour fin d'illustration, on prend un taux de rendement de 20 % ; encore ici on aurait pu bâtir un exemple avec des taux de 17 %, de 21 % ou de 24 %. Ce qu'il faut avant tout retenir, c'est qu'il suffit qu'un ou deux titres du groupe aient un rendement de cet ordre de grandeur pour que « le travail soit fait », c'est-à-dire pour que son avoir passe d'un ordre de grandeur à un autre. Il importe donc de conserver longtemps les titres de son investissement, car en agissant autrement on se priverait de l'effet exponentiel du titre ou des quelques titres susceptibles de créer son enrichissement.

Choisir des titres qui ont de bonnes chances de traverser le temps

Obtenir un rendement qui soit le fruit d'un effet exponentiel requiert du temps. Pour se donner les meilleures chances d'y arriver, il importe donc de choisir des titres qui ont de bonnes chances de traverser le temps, c'est-à-dire de durer 30, 40 ou 50 ans.

On ne peut évidemment pas être absolument assuré qu'une entreprise ou qu'un type de produit durera aussi longtemps. Il n'en reste pas moins que l'histoire d'une entreprise, la nature des biens et services qu'elle produit, le degré de pénétration des marchés domestiques et étrangers, la renommée et le sérieux de ses dirigeants, etc., constituent autant de facteurs sur lesquels on peut se fonder pour évaluer si telle ou telle entreprise a des assises qui permettent de croire qu'elle a une bonne espérance de vie.

C'est ainsi que des compagnies bien établies comme les grandes banques, les grandes compagnies d'assurances, Coca-Cola, Disney, American Express, Gillette, McDonald's et combien d'autres encore constituent des titres qui, en général, répondent bien au critère de la pérennité.

Des titres de ce genre présentent des caractéristiques qui font que le temps joue en leur faveur. De telles entreprises fournissent des biens et des services qui répondent aux besoins des gens et elles restent solidement branchées sur l'évolution prévisible de ceux-ci.

Il va de soi que, fusionnée à une autre entreprise ou vendue à un concurrent, une entreprise prospère et prometteuse peut disparaître quelques années après qu'un investisseur l'ait incluse dans son portefeuille. Il y a alors de fortes chances que les actions de la compagnie soient à la hausse au moment de la transaction et que l'investisseur y gagne en acceptant, dans une perspective de continuité, que ses titres soient transformés en actions de la « nouvelle » entreprise.

Se constituer un portefeuille modérément diversifié et bien ciblé

En paraphrasant Paul Valéry, on peut dire que l'ignorance fait vaciller l'homme entre l'extrême audace et l'extrême prudence. Cette réflexion s'applique particulièrement bien au domaine de l'investissement.

D'une part, se constituer un portefeuille avec seulement deux ou trois titres c'est, de toute évidence, faire preuve d'une extrême audace; c'est mettre tous ses œufs dans le même panier, c'est s'exposer à de graves dangers.

D'autre part, l'investisseur qui se donne un portefeuille très diversifié s'engage dans une voie où il y a de fortes probabilités que la performance qu'il obtiendra se rapproche de la moyenne du marché. Autrement dit, pour éviter de prendre des risques ou par ignorance de la valeur respective des titres, on se trouve alors à investir autant dans les titres les plus prometteurs que dans ceux qui présentent peu de chances d'être du côté des gagnants. À la limite, on peut aller jusqu'à éviter de faire des choix en investissant dans un indice boursier ou dans un fonds indiciel, c'est-à-dire un fonds constitué, par exemple, des mêmes composantes que le TSE 300 ou que le S&P 500. Selon Warren Buffett, « La diversification est une protection contre l'ignorance »[5].

L'investisseur qui s'engage résolument dans une démarche d'enrichissement soutenue voudra nécessairement faire mieux que la moyenne du marché. Cet investisseur se donnera un portefeuille concentré sur un certain nombre de titres qui présentent de bonnes perspectives pour de nombreuses années, des titres choisis minutieusement à la suite d'une analyse fondée sur des critères éprouvés.

Un portefeuille concentré, c'est-à-dire modérément diversifié et bien ciblé, constitue un élément de base d'une bonne stratégie de placement.

Dans un tel portefeuille, y a-t-il de la place pour des titres qui semblent offrir un bon potentiel mais qui n'ont pas encore fait leurs preuves ? La réponse est un oui conditionnel. Tout réside dans la proportion de ces titres dans le portefeuille, cette proportion devant rester faible. Tout comme il est légitime de se donner la chance de participer aux succès des nouvelles entreprises et des jeunes gestionnaires, il serait hasardeux de faire à ceux-ci une place telle que les assises du portefeuille en serait précarisées. L'investisseur avisé procédera à une analyse approfondie de ces nouvelles entreprises et utilisera comme critères d'investissement ceux-là mêmes qu'il aura utilisés dans le choix des titres d'une société de plus grande envergure. En somme, qu'une entreprise soit nouvelle ou solidement implantée depuis plusieurs années, il faut investir dans l'une ou dans l'autre comme si on en était le seul propriétaire.

Conserver longtemps les titres choisis

En tenant pour acquis que vous avez constitué l'essentiel de votre portefeuille à partir de titres qui sont susceptibles de traverser le temps – comme on l'a vu au deuxième élément de la méthode –, il va pratiquement de soi que vous devez les conserver longtemps.

Par exemple, imaginons une personne qui, en 1970, décide d'investir 12 500 $ US dans la compagnie Gillette. Elle achète alors des actions à 49,25 $ US chacune. Puis, parce qu'elle croit toujours au potentiel à long terme de cette compagnie, elle y investit 12 500 $ US par année pendant les sept années suivantes, soit 100 000 $ US au total. Au 30 décembre 1977, elle possède 2936 actions qui, à la suite de diverses fluctuations, valent 71 937 $ US.

À ce moment-là, notre investisseur n'ajoute plus d'argent à sa mise ; il décide tout de même de ne pas vendre son titre. En février 1999, soit 29 ans après son achat initial, la valeur de ses actions dans la compagnie Gillette s'établit à environ 5 167 360 $ US. C'est que ses actions, entre 1978 et 1999, ont été divisées (« split ») à cinq reprises à deux pour une, ce qui lui donne maintenant environ 93 950 actions dont la valeur unitaire se situe autour de 55 $ US.

Quelle gratification pour avoir eu la sagesse de conserver longtemps un titre! Des exemples comme celui-là, il en existe un grand nombre dans l'histoire des marchés boursiers.

En fait, je ne donne pas du tout raison à ceux qui répètent: « On ne doit pas s'attacher à un titre ». Je dis plutôt: « Choisissez un titre qui peut traverser le temps, achetez-le à un prix raisonnable et tombez en amour avec lui ». Alors, vous voudrez sans doute profiter des périodes de crise où la valeur de votre titre fléchira pour acheter une nouvelle quantité d'actions de cette société que vous aimez déjà... et vous résisterez à la tentation de vous en départir quand la valeur de vos actions sera à la hausse[6].

Vous serez devenu amoureux ou amoureuse fidèle, voire adepte du mariage indissoluble!

Donner le moins possible de prise au fisc

Pour les 20, 25 ou 30 prochaines années, prenez tous les moyens d'éliminer le plus possible de votre vocabulaire l'expression « impôt sur gains en capital ».

Comme on le sait, au Québec, lorsqu'on vend des actions, l'impôt s'applique sur 75 % des gains en capital réalisés. Et le taux marginal d'impôt[7] n'est pas un élément négligeable, loin de là. Ce taux, qui est passé de 68,9 % à 49,8 % entre 1979 et 1989, a fluctué légèrement par la suite; en 1999, il est établi à 52 %.

Tel qu'indiqué à l'Annexe 2, un rendement annuel de 20 % est réduit à 12,2 % une fois payé l'impôt sur les gains en capital. Et le fait d'avoir déclaré ses gains à chaque année réduit à néant l'effet exponentiel recherché.

Ne vous inquiétez pas pour les ministres du Revenu et des Finances : comme il y aura toujours plus de spéculateurs que d'investisseurs, comme l'appât du gain immédiat l'emportera plus souvent qu'autrement sur la constitution de réserves solides pour l'avenir, le fisc obtiendra toujours sa large part. Vous paierez d'ailleurs la vôtre plus tard quand vous liquiderez en tout ou en partie les titres de votre portefeuille. D'ici là, laissez à d'autres la mauvaise habitude d'ouvrir chaque année la porte aux percepteurs de l'impôt sur les gains en capital!

* * *

Voilà l'essentiel de la méthode que je préconise. Tant et aussi longtemps que vous la considérerez comme **MA** méthode, elle vous sera peu utile. Il faut la **FAIRE VÔTRE** pour qu'elle agisse en votre faveur. Comme le dit Paul Valéry :

> Rien n'est plus fort qu'une opinion que l'on a subie, qu'on a voulu nous imposer, que nous avons déchirée et rejetée et à laquelle nous revenons enfin par la contrainte de notre pensée, des événements et des expériences, et non plus sous la figure de quelqu'un, et avec un son de voix qui nous irrite. Nous croyons à nous-même.[8]

Alors, si cela vous sied, rejetez au plus vite la méthode que je vous propose. Au plus vite, oui!... Pour pouvoir y revenir au plus vite... par la contrainte de votre seule pensée... d'ici à ce que vous ayez terminé la lecture de ce livre!

Les attributs et les attitudes de l'investisseur efficace

L'investisseur est studieux

Dans les échanges de points de vue que j'ai régulièrement avec divers interlocuteurs et interlocutrices, une chose me frappe particulièrement : l'investisseur sérieux se distingue des autres par son inclination – qui, dans certains cas, va jusqu'à la manie – à chercher à tout connaître d'une entreprise ou d'un produit avant de décider d'y investir.

À quoi s'intéresse-t-il ? À l'histoire et à la vie de l'entreprise : son origine, son rythme de croissance sur une longue période, la notoriété de ses produits, la qualité de ses gestionnaires, la nature de ses rapports avec son environnement, la mise à jour de ses modes de gestion… tout l'intéresse. Il a besoin de connaître ces choses avant d'inclure des actions d'une entreprise donnée dans son portefeuille.

Cette façon de faire est un trait dominant de sa philosophie d'investisseur. Il n'est pas studieux par peur d'échouer mais bien parce que, pour lui, c'est en quelque sorte une façon d'être et de vivre qu'il a adoptée, souvent après avoir constaté – à ses dépens ou à la lumière des expériences des autres – que c'est la manière idéale de procéder pour atteindre ses objectifs.

L'investisseur sérieux veut aussi être capable d'expliquer ses choix, de répondre de la façon la plus complète possible à ceux et celles qui veulent comprendre la composition de son portefeuille et les raisons qui l'ont amené à ne pas procéder à certains achats. À l'occasion, il se verra même dans la situation d'admettre qu'il n'a pas inclus tel ou tel titre dans son portefeuille parce qu'il n'a pas eu – ou ne s'est pas donné – le temps ou les moyens d'effectuer les analyses nécessaires.

Parmi les investisseurs avisés, on en trouve de plus en plus qui cherchent constamment à en apprendre de ceux et celles qui ont réussi et dont la réussite est justement le fruit d'une démarche raisonnée. Pour ma part, je n'hésite pas à conseiller à l'investisseur sérieux de consulter les ouvrages consacrés à Warren Buffett, à sa philosophie de gestionnaire, à sa vie et à ses idées sur les hommes et le monde d'aujourd'hui.

À l'opposé de l'investisseur studieux se situe le spéculateur pressé. J'ai eu affaire à nombre d'entre eux qui, dans certains cas, ne connaissaient même absolument rien de l'entreprise dont ils venaient d'acheter des actions : les conseils d'un ami, la lecture d'un commentaire élogieux dans un quotidien, la consultation rapide des performances récentes de l'entreprise... l'un ou l'autre de ces éléments avait suffi pour les convaincre de passer à l'action.

Il m'est souvent arrivé aussi d'entrer en contact avec de soit-disant « investisseurs » pressés voulant procéder sur le champ à l'achat d'un titre vedette ou d'un titre très peu connu mais dont on venait de leur vanter les mérites, dits indubitables. Il me suffisait souvent de leur poser quelques questions sur l'entreprise émettrice du titre (ex. : le taux de capitalisation, le ratio cours/bénéfice, l'expérience des managers de l'entreprise) pour qu'ils se rendent compte qu'ils ne connaissaient rien de cette entreprise. Par mes seules questions, je me trouvais à les inviter à remettre en question leur plan d'achat.

À l'intention d'un individu qui se prépare à faire son entrée dans le monde de l'investissement, Buffett formulait le conseil suivant en 1993 : « S'il devait débuter avec un capital plutôt restreint, je lui dirais de faire exactement ce que j'ai fait il y a une quarantaine d'années, c'est-à-dire se renseigner à fond sur chaque compagnie publique aux États-Unis; les connaissances ainsi acquises lui seront très profitables à la longue ».

Surpris, un interlocuteur lui rétorquait : « Mais il y a 27 000 compagnies publiques aux États-Unis! ». À cela, avec son légendaire sens de la répartie, Warren Buffett répliquait : « Alors, prenez d'abord celles dont le nom commence par la lettre A »[1].

S'il est vrai qu'il faut de l'argent pour faire de l'argent..., il est aussi vrai qu'il faut de l'argent pour en perdre. Et du fait que « la Bourse est un centre de distribution de la richesse du spéculateur vers l'investisseur », comme le dit Buffett[2], l'investisseur studieux tirera souvent profit des bévues ou des ratés du spéculateur ignorant, paresseux ou trop pressé.

L'investisseur est rationnel

> Vous n'avez pas besoin d'être un scientifique de l'aérospatiale. L'investissement n'est pas un jeu où la personne au quotient intellectuel de 160 bat celle qui a un quotient de 130. L'essentiel c'est l'approche rationnelle.[3]
>
> – Warren Buffett

La rationalité est, à mon avis, un des attributs les plus importants de l'investisseur sérieux. Cela mérite donc qu'on s'y arrête assez longuement.

Bien que la méthode que je propose aux personnes qui veulent s'enrichir soit relativement simple, la route qui mène à la richesse est parsemée d'embûches dont le nombre et la variété sont souvent insoupçonnés au départ. Pour les affronter avec succès, l'investisseur doit se tracer « un plan de match » fondé sur une rationalité indéfectible ou, tout au moins, sur une grande capacité de retour à l'attitude rationnelle après avoir cédé à des émotions, souvent source de panique.

Être rationnel..., c'est intelligent et payant

Revenons sur des données dont il a été question antérieurement (dans « Rechercher l'effet exponentiel ») et présentons-les sous la forme de deux scénarios à comparer.

Premier scénario. Une personne achète pour 100 000 $ d'actions d'un titre qui lui donne 20 % de rendement après une première année; elle vend alors ses actions et paie l'impôt sur son gain en capital. Elle trouve ensuite une nouvelle compagnie dans laquelle investir le montant résiduel pour la deuxième année, obtient encore une fois 20 % de rendement et vend ses actions. Supposons que cette personne soit si brillante qu'elle ne se trompe jamais et, s'esquintant à la tâche, obtienne ainsi un rendement de 20 % par année pendant 30 ans, – ce qui serait tout à fait exceptionnel – toujours en vendant ses actions à la fin de chaque année et en payant, bien sûr, un impôt sur ses gains en capital. Au bout de 30 ans, la valeur de son portefeuille s'établira à 3,1 M $.

Second scénario. Un autre personne place aussi 100 000 $ dans un titre qu'elle conserve pendant 30 ans. En réalisant elle aussi un rendement annuel moyen de 20 % qu'elle n'encaissera qu'à terme, son capital brut sera de 24 M $ à la fin de la trentième année, et, après impôt, il lui restera encore 14,5 M $.

Lequel de ces deux scénarios est le plus difficile à réaliser? Du point de vue de l'intelligence, le premier est beaucoup plus difficile à mettre en œuvre et à réussir. En effet, il faut pratiquement être un génie pour réussir à obtenir un rendement de 20 % année après année pendant 30 ans, avec 30 titres différents.

Du point de vue de la rationalité, le second scénario est plus difficile à réaliser puisque l'investisseur devra contrôler ses émotions pendant 30 ans, c'est-à-dire essentiellement garder son titre sans céder à la panique pendant les périodes de crise ni céder à l'euphorie dans les moments de grande poussée de son titre.

Comme il est plus facile d'acquérir et de maintenir une attitude rationnelle que de devenir un génie, mieux vaut opter pour le second scénario, d'autant plus que celui-ci, après 30 ans, débouchera sur un capital dont la valeur brute sera sept fois plus élevée que celle du premier scénario.

Il n'est sans doute pas inutile de souligner que Warren Buffett n'a jamais réussi à obtenir un rendement de 20 % à chaque année mais qu'il a obtenu, grâce à son approche d'une grande rationalité, un rendement annuel moyen de 24 % sur une période d'un peu plus de 30 ans. Et cela fait qu'il est le deuxième homme le plus riche au monde en 1999 !

Êtes-vous assez intelligent pour être très rationnel ?

L'investisseur rationnel... et la qualité des titres

Pour mettre en application le second scénario dont on vient de parler, il faut, cela va de soi, investir dans des titres de qualité. Or, de nombreux investisseurs québécois ont été lents à y arriver et plusieurs n'ont pas encore franchi cette étape importante.

Pourquoi ?

Premièrement, considérons le cas d'une personne qui en est à sa première expérience à la Bourse.

Si, ayant choisi un titre vedette qui fluctue beaucoup, cette personne tombe sur une période de forte remontée et obtient un grand succès avec ce titre, cela pourra l'encourager à répéter le même geste au point d'en faire l'essentiel de sa stratégie de placement. Elle deviendra un « accro » de ce genre de titres, elle recherchera continuellement cette sensation de choisir des titres du même genre sans trop s'interroger sur leur qualité à long terme. Cela vaudra jusqu'à ce que...

Par ailleurs, si, à sa première expérience, une personne connaît une perte importante avec un titre dont elle n'a pas bien jaugé la qualité, elle aura dorénavant peur de perdre des montants d'argent encore plus considérables.

Dans les deux situations, la personne concernée sera en quelque sorte intoxiquée. Ou bien, on se retrouve devant un « gambler » en puissance, un spéculateur qui risque plus que de raison, ou bien il se peut que la crainte tienne cette personne à l'écart des marchés boursiers pour quelques années.

Deuxièmement, c'est par le biais du Régime d'épargne-actions (REA), dans les années 1980, que bon nombre de Québécois et Québécoises ont eu leur première expérience sur le marché boursier. Par ce Régime, le gouvernement du Québec offrait des avantages fiscaux aux contribuables qui investissaient dans les sociétés québécoises. Au début du Régime, les nouveaux investisseurs se voyaient offrir des titres de qualité, c'est-à-dire des titres de grandes entreprises solides (les banques, Bombardier, Provigo, etc.). Par la suite, étant donné l'engouement pour le REA, de nombreuses sociétés sont devenues publiques et les investisseurs se sont mis à gober les nouvelles émissions sans même se préoccuper de la qualité des titres offerts; l'avantage fiscal recherché primait sur toute autre considération.

C'est ainsi que la porte a été ouverte à de nombreux abus : des sociétés québécoises ont offert des actions à un prix beaucoup trop élevé; dès leur émission publique, ces actions étaient surévaluées et s'inscrivaient rapidement sur une courbe descendante. Et lorsqu'est arrivé le krach de 1987, la situation s'est empirée, plusieurs sociétés québécoises connaissant alors des creux tout à fait exceptionnels.

Le mauvais côté de cette histoire, c'est que de nombreuses personnes ont par la suite hésité plusieurs années avant d'investir de nouveau dans des actions de sociétés. Elles ont ainsi perdu des années précieuses dans leur cheminement vers l'enrichissement. Le bon côté de la chose, c'est qu'ayant connu la défaite avant la victoire – ou la peur avant la « gloire » –, elles ont tiré des leçons de leur expérience et sont maintenant plus aptes à choisir des titres de qualité.

On peut ici établir un parallèle entre le marché boursier et le golf.

À leurs premières expériences, les golfeurs ressentent une agréable sensation lorsqu'ils réussissent un très long coup de départ. Aussi, lorsqu'ils se présentent par la suite au champ de pratique, ils n'apportent que leur bois n° 1, intéressés qu'ils sont à ne pratiquer que leurs longs coups.

Cela est légitime... mais il est bien connu que c'est dans les coups d'approche et sur les verts (ce que les golfeurs appellent la « short game ») que se gagne ou se perd une partie de golf. Que le coup de départ ait 200 ou 250 verges sur un trou qui en a 350, ce n'est pas ce qui compte le plus.

Alors, pourquoi les golfeurs débutants et même les golfeurs intermédiaires accordent-ils si peu de temps à la pratique de leurs coups d'approche et de leurs coups roulés? C'est qu'ils sont intoxiqués par la sensation d'un coup de départ de 250 verges. Et pourtant, ils savent que sur la carte de pointage c'est le nombre de coups qui est inscrit et non la longueur de ceux-ci. Puis, un jour, l'expérience aidant, la rationalité prend le dessus.

Qu'il s'agisse de l'attitude à l'égard des marchés financiers ou de la partie de golf, cette règle de Descartes garde toute sa pertinence.

[...]

> Il faut avant tout prendre garde de ne pas perdre son temps à vouloir deviner de pareilles choses par hasard et sans méthode; car, quoique souvent on pourrait les trouver sans méthode, et quelquefois même, avec de la chance, plus vite peut-être que par la méthode, on affaiblirait cependant la lumière de son esprit, et on l'accoutumerait tellement à de vaines puérilités, qu'ensuite elle ne s'attacherait qu'à l'extérieur des choses sans pouvoir y pénétrer plus profondément.[4]

La rationalité... et les experts

Si le marché boursier est à la hausse, c'est habituellement que les investisseurs, étant d'avis que le marché est bon, achètent des actions. Plus leurs achats sont importants, plus la hausse du marché boursier est forte.

Puis, lorsque le marché baisse de façon considérable, voire culbute, comme ce fut le cas à l'été 1998, c'est que de nombreux investisseurs ont considéré que le marché devenait moins favorable et qu'ils ont massivement liquidé leurs positions.

Enfin, lorsque vient une reprise, comme celle de l'automne 1998, c'est que les investisseurs ont eu la conviction que le marché était redevenu favorable et ont recommencé à acheter des actions.

À quel moment ces mêmes investisseurs ont-ils eu raison ou tort ? On peut se demander si les individus qui, par leurs interventions, font grimper un marché boursier ou encore le font chuter agissent sur la base de connaissances précises. S'ils prennent position chacun de leur côté, sans se connaître les uns les autres, comment peuvent-ils collectivement savoir ce qui s'en vient ? En fait, ne sont-ils pas plutôt passés à l'action sur la simple base de leur impression de savoir ?

Il me paraît que le phénomène des fortes hausses et des fortes baisses du marché est souvent créé par les opinions ou les émotions d'un groupe d'investisseurs, celles-ci étant soutenues et amplifiées du fait qu'elles font l'objet d'une abondante information dans tous les médias. En effet, les journaux nous alimentent de nouvelles surprenantes, d'une journée à l'autre ou d'une semaine à l'autre. Si les journalistes s'intéressent tant aux turbulences à court terme, c'est que chaque jour ou, tout au moins, chaque semaine ils doivent écrire des articles ou des chroniques sur la mouvance des marchés. Et il est évident que leurs interventions ont une influence sur ceux-ci.

Si on revient à la situation décrite ci-dessus où le marché monte et baisse dramatiquement pour remonter considérablement par la suite, on voit bien que peu de gens pouvaient prévoir avec certitude l'orientation des marchés, puisqu'ils ont changé d'idée plusieurs fois.

On est ici dans le monde de l'imprévisible et, à certains égards, de l'aléatoire. Ce côté aléatoire est d'ailleurs encore plus accentué quand on tient compte des vendeurs à découvert et des spéculateurs sur options. D'où votre opinion sur le mouvement du marché à court terme vaut celle des investisseurs et des experts. Warren Buffett ne s'intéresse pas au court terme ; il est on ne peut plus clair à ce sujet :

> Nous n'avons pas, nous n'avons jamais eu, et nous n'aurons jamais d'opinion sur ce que le marché des actions, les taux d'intérêt et l'activité commerciale seront devenus dans un an.[5]

On trouve souvent dans des articles de journaux qui traitent de questions financières des expressions comme : « Les experts s'entendent pour dire... », « Certains experts prétendent le contraire... ». Que veut dire le terme « expert » dans un tel contexte ?

Comme, dans l'ensemble, les investisseurs ne semblent pas capables de prévoir les tendances à court et à moyen termes, est-ce que certains experts le peuvent ? À mon avis, non. Les fluctuations à court et à moyen termes des marchés boursiers et de certains titres en particulier sont dues à des phénomènes imprévisibles, puisqu'une multitude d'événements impossibles à prévoir provoquent des émotions chez plusieurs investisseurs, et que ceux-ci réagissent en conséquence. Ces phénomènes sont si variés et souvent si inattendus qu'il est impossible, même pour un expert, de prétendre être capable de les prévoir. C'est pourquoi l'expert qui pourrait prévoir l'évolution des marchés à court terme n'existe pas. C'est une illusion. Que les « experts » prévoient une hausse et que l'évolution du marché leur donne finalement raison, ou qu'ils prévoient une baisse qui finit par se concrétiser, ce n'est pas à cause de leurs savantes explications qu'ils ont raison : ils avaient tout simplement une chance sur deux... et ils sont tombés pile ! Il en va de même de ceux qui font des prévisions à court et à moyen termes sur l'évolution de titres spécifiques.

Les soit-disant experts sur l'évolution à court terme des marchés et des titres sont aussi crédibles que les astrologues. La prochaine fois que vous serez tenté de lire l'opinion d'un expert du court terme, passez à la rubrique « horoscope ». Au moins y trouverez-vous peut-être votre chiffre chanceux de la semaine!

Ceux qui ont raison, finalement, ce sont ceux qui ont adopté une approche rationnelle, soit ceux qui détiennent des actions de Coca-Cola depuis 30 ans, des actions de Gillette depuis 25 ans, des actions de Disney depuis qu'elle est une société publique, et tous les autres qui, comme eux, ne se préoccupent pas des turbulences à court terme. Référons-nous de nouveau à Paul Valéry.

> Plusieurs animaux rassemblés et resserrés se réchauffent entre eux, car ainsi diminue le rayonnement de chacun par diminution de la surface exposée. Ainsi les gens se confirment dans leurs opinions pour être nombreux à les avoir, comme si cette similitude faisait de chaque autre une source de vrai plus puissante que la sienne et de laquelle il pût *recevoir*. Ceci est fondé sur une assimilation de l'*opinion à l'observation*. Plusieurs observations indépendantes valent mieux qu'une, et leur quantité l'emporte. Mais non les opinions.[6]

L'investisseur rationnel profite des crises

Quand survient une crise dans les marchés boursiers, quand, alimentée et amplifiée par les médias, cette crise atteint son paroxysme et que même les titres les moins volatiles semblent le devenir, l'investisseur averti se prépare à passer à l'action, s'il dispose de certaines liquidités. Il peut alors accroître son investissement dans des titres sur lesquels il fait reposer l'essentiel de ses placements à long terme. Même l'investisseur rationnel devient alors enthousiaste, voire très émotif...

Par exemple, ces investisseurs se sont sans doute réjouis lorsque, à l'occasion de la correction majeure des marchés, à l'été 1998, le prix des actions de leur portefeuille a baissé de façon significative. Ils en ont sûrement profité pour garnir leur portefeuille et ils auraient alors sans doute souhaité avoir encore plus de liquidités. En somme, une occasion comme celle-là fait que l'investisseur sérieux gagne du temps dans sa marche vers la richesse.

À partir du moment où il fait sienne la méthode présentée dans ce livre, l'investisseur en vient rapidement à considérer que toute correction majeure des marchés constitue un privilège. Alors que le spéculateur connaît un moment de panique, qu'il craque sous la pression, l'investisseur sérieux et rationnel, lui, savoure la lente croissance de son portefeuille et l'occasion qui lui est donnée de le garnir davantage.

C'est Warren Buffett qui nous dit :

> La cause la plus courante du faible prix des actions, c'est le pessimisme; il se fait parfois sentir un peu partout alors qu'en d'autres temps il est spécifique à une compagnie ou industrie. Dans un tel environnement, nous voulons être actifs sur les marchés, non pas parce que nous aimons le pessimisme mais plutôt les prix qui en résultent. C'est l'optimisme qui est l'ennemi de l'acheteur rationnel. Rien de tout cela signifie,

> cependant, qu'une entreprise ou un titre constitue une bonne occasion d'achat du simple fait qu'il est impopulaire; une approche qui conduit à toujours agir à contre-courant est aussi insensée que la stratégie qui consiste à se fier aux opinions les plus largement répandues. Il faut savoir réfléchir par soi-même.[7]

L'être rationnel qui tombe en amour…

Ne vous engagez pas dans un processus d'enrichissement en laissant trop de place aux émotions, aux coups de cœur à répétition. Mais soyez tout de même assez émotif pour tomber en amour… avec l'approche rationnelle!

On voit souvent dans la publicité des maisons d'investissement des slogans du type: « Investir n'est pas une question de chance mais une question de choix ». Bien qu'une telle affirmation présente une bonne part de vérité, je suis d'avis qu'elle mériterait d'être complétée de la façon suivante, du moins pour refléter la philosophie que je préconise: « Investir n'est pas une question de chance mais une question de choix *de son attitude à l'égard de l'investissement* ».

C'est que je continue de croire que c'est au choix de son attitude à l'égard de son investissement que l'investisseur doit accorder la priorité. L'attitude d'abord et le choix des titres en second lieu.

Et, évidemment, seule une attitude générale de rationalité convient à l'investisseur sérieux. Celui-ci doit consacrer le plus clair de son temps à se centrer sur l'attitude à prendre ainsi que sur l'analyse des entreprises dans lesquelles il songe à investir; faire le bon choix des titres qui constitueront son portefeuille nécessitera ensuite assez peu de temps.

C'est ce qui permet à l'investisseur de se distinguer du spéculateur, car celui-ci consacre presque tout le temps dont il dispose à passer d'un titre à un autre; dans le champ de l'investissement, il est un éternel sarcleur.

L'investisseur rationnel est équilibré

Il arrive souvent que des personnes assoiffées d'enrichissement se mettent à épargner à outrance; par insécurité ou par désir de brûler les étapes dans leur quête de la richesse, elles vont se priver indûment des bonnes choses de la vie. En cela, elles ont profondément tort. L'investisseur équilibré sait jouir de la vie : voyager, faire du sport, prendre des vacances, etc. Il sait vivre au présent tout en prenant les moyens de maximiser ses épargnes dans une perspective de long terme.

De même, l'investisseur équilibré n'est pas la proie des remords s'il lui arrive, parce qu'il n'est pas assez certain de la valeur d'un titre, de laisser passer une occasion qui se révèle par la suite un grand succès. L'investisseur sérieux est assez équilibré pour comprendre que personne n'est équipé et organisé pour saisir toutes les bonnes occasions, et assez raisonnable pour maintenir son plan de match, ce qui, dans certains cas, va jusqu'à ne pas investir dans une entreprise dont on n'a pas les moyens de vérifier suffisamment la solidité.

Enfin, l'investisseur équilibré n'a pas d'attentes démesurées à l'égard du rendement de son portefeuille. Il sait que ceux et celles qui espèrent ou souhaitent doubler leur mise à chaque année, par exemple, se gavent d'illusions. Il y a sûrement peu d'années où il n'y a pas au moins un titre à la Bourse dont la valeur double. Mais de là à penser qu'un investisseur très chanceux pourrait toujours détenir les titres qui doublent, il y a une marge.

À la Bourse, un seul individu ne pourrait, même avec toute la chance du monde, doubler sa mise chaque année pendant 30 ans. Si cela pouvait se faire, la personne qui aurait investi 100 000 $ il y a 30 ans se retrouverait aujourd'hui avec un magot de 100 000 milliards de dollars ! Microsoft est la société américaine qui a la plus grande capitalisation, soit 500 milliards de dollars. Or, 100 000 milliards de dollars, cela représente, en 1999, environ 200 sociétés de la taille de Microsoft... et encore faudrait-il que l'investisseur en question détienne en totalité ces 200 sociétés !

L'investisseur équilibré sait que le record mondial du rendement est actuellement détenu par Warren Buffett qui, comme on l'a déjà mentionné, a connu une performance de 24 % en moyenne par année sur une période d'un peu plus de 30 ans. Ce serait déjà tout un exploit que de s'approcher un tant soit peu d'une telle réussite.

L'équilibre n'est pas quelque chose d'univoque et d'unidimensionnel. En effet, un investisseur, tout en gardant un équilibre de vie qui le satisfasse, peut se donner comme objectif d'utiliser la méthode que je propose pour devenir le plus riche possible. Par ailleurs, un autre investisseur peut décider de profiter au maximum de la vie, de venir en aide à ses semblables en contribuant généreusement à plusieurs œuvres, de soutenir un artiste ou un athlète..., bref, de n'investir qu'une partie de son avoir dans une dynamique de croissance. La méthode préconisée dans ce livre lui permettra d'atteindre son objectif de croissance sans l'obliger à épargner à outrance.

L'investisseur est patient et persévérant

> Avoir des titres, c'est simple. Tout ce que vous avez à faire, c'est acheter, pour moins que ce qu'elles valent en soi, des actions d'une excellente société, société dont l'équipe dirigeante fait preuve d'une compétence et d'une intégrité incontestables. Puis, vous gardez ces actions pour toujours.[8]
>
> – Warren Buffett

Un horizon très lointain

S'inspirant consciemment ou inconsciemment d'une loi de la physique énoncée par Newton, de nombreux investisseurs utilisent l'expression suivante qu'ils appliquent au marché boursier : « Tout ce qui monte doit absolument redescendre ». D'où la tentation qu'ils ont fréquemment de vendre des actions qui ont monté depuis un certain temps, étant convaincus que le moment de la descente approche.

Si ces mêmes personnes poussaient plus loin leur incursion dans le domaine de la physique, elles prendraient connaissance d'une des premières lois qu'on enseigne aux étudiants en sciences, à savoir la loi de l'inertie de Newton : « Tout corps persévère dans son état de repos ou de mouvement uniforme, en ligne droite, à moins qu'il ne soit déterminé à changer cet état par des forces agissant sur lui ».

Dans le cas des actions de sociétés, les forces qui agissent sur elles sont des décisions humaines, c'est-à-dire celles d'acheter ou de vendre, dictées par la loi de l'offre et de la demande. Même si cette loi trouve ses assises dans les sciences de l'administration et de l'économie, sa mise en application est très peu rationnelle.

À un moment donné, sous l'effet de l'enthousiasme, un titre peut se transiger à des ratios cours/bénéfices très élevés, de l'ordre de 40 fois et plus; quelques mois plus tard, il peut aussi bien se transiger à 20 fois ses bénéfices même si rien n'a été modifié dans la croissance des bénéfices de la société ni dans son plan d'affaires. Souvent un bon rapport d'un analyste crédible, véhiculé par les médias, peut créer un engouement, accroître sensiblement la popularité d'un titre; celui-ci peut alors s'envoler. Dans d'autres cas, une telle analyse peut tout simplement engendrer un grand volume de transactions sans pour autant que le titre s'envole. À ce moment-là, certains dirigeants ou de gros actionnaires profiteront sans doute d'une situation d'enthousiasme temporaire à l'endroit du titre en question pour liquider une position.

De toute évidence, ce genre de situation n'a absolument rien de scientifique. D'où l'idée de prévoir des effets à court terme sur un titre est totalement absurde, même si on tente d'utiliser des moyens dits scientifiques pour le faire.

Ce qui compte, c'est que la compagnie offre une croissance potentielle de bénéfices et que cela puisse durer longtemps. Et, comme peu d'investisseurs ont un horizon très éloigné, le vrai investisseur se fout des fluctuations à court terme. Qu'un titre se transige entre 10 et 40 fois les profits selon l'humeur des spéculateurs, cela n'a pas vraiment d'importance pour le vrai investisseur; il sait que le long terme est prometteur des gains les plus substantiels. Comme le dit Buffett : « Si la compagnie a du succès, cela se reflétera éventuellement dans le prix des actions ».[9]

Combien de fois entendons-nous l'expression suivante : « Je crains que ça baisse de nouveau, donc je vends ». La personne qui agit de cette façon fonde sa décision sur un simple sentiment. Or, peut-on en arriver à connaître les sentiments de chaque détenteur d'un titre et ceux des acheteurs potentiels ? Non ! C'est pourquoi tenter de prévoir la réaction à court terme sur les titres est très difficile, sinon impossible.

Par exemple, le titre d'une compagnie comme Merrill Lynch, qui, au cours de la crise financière de l'été 1998, est passé, en dollars américains, de 109 $ à 36 $ en quelques semaines, cela dépasse l'imagination. Lorsque ce titre est descendu sous les 45 $, il n'y avait sûrement pas beaucoup de détenteurs qui avaient un sentiment très positif à son égard ! À 36 $, le sentiment négatif était forcément à son comble.

Si vous aviez acheté ce titre à 109 $ et que vous l'avez vu descendre à 36 $, il y a de fortes chances que vous ayez perdu confiance en lui. Votre émotion étant à son plus fort, vous n'avez sûrement pas acheté de nouvelles actions à 36 $.

Par contre, si vous n'aviez jamais acheté ce titre auparavant, quel aurait été le niveau de votre confiance à l'endroit de Merrill Lynch dont l'action valait 36 $? N'ayant pas connu les émotions reliées à la chute brutale du prix de l'action, il vous aurait certainement été plus facile d'envisager d'en acheter. Cet exemple – car il s'agit bien ici de donner un exemple et non de me prononcer sur la pertinence d'acheter un titre en particulier – montre bien jusqu'à quel point le fait de détenir ou de ne pas détenir un titre influence la réaction de l'investisseur.

Un investisseur avisé ne doit pas se laisser guider par ses émotions. Les gens qui se laissent emporter par l'enthousiasme du moment sont aussi ceux qui deviennent victimes de leurs peurs. Seule l'idée d'un horizon lointain permet d'y résister.

Si on analyse avec un peu de recul le marché des actions, on remarque que les investisseurs avisés et patients – ceux qui ont conservé leurs titres de qualité et qui avaient un portefeuille équilibré – ont réussi presque à coup sûr! Les spéculateurs, ceux qui jouent à la Bourse, ont souvent échoué. L'investisseur patient et discipliné se donne un horizon qui s'étend sur 15 ans, 30 ans et même davantage.

> Les résultats de la discipline ressemblent à ceux de la méthode. Par elle, les efforts individuels se multiplient. Elle donne à tout cas particulier une solution simple et sûre. Elle force absolument de trouver tout ce qui peut se trouver. Elle ne demande que l'obéissance, et *jamais rien d'extraordinaire*. Elle diminue le rôle du hasard.[10]

Laissez les autres zapper!

Depuis que la câblodistribution permet un accès facile et instantané à un grand nombre de canaux de télévision, la tentation est forte de passer constamment d'un canal à un autre, à la recherche de l'émission la plus intéressante. Suivre une émission dans sa totalité relève presque de l'exploit. Les adeptes du zapping sont légion.

On rencontre un phénomène analogue dans le monde de l'investissement, en particulier depuis la venue de l'Internet. À la lumière de l'abondance d'information et de données ainsi disponibles, des gens zappent d'un titre à un autre, c'est-à-dire qu'ils achètent un titre, trouvent un nouveau titre qui leur paraît meilleur, vendent le premier et achètent le second... et la roue continue de tourner. Ces adeptes du zapping passent ainsi beaucoup de temps à acheter et à vendre des actions.

En plus de payer des impôts sur chaque gain en capital et de mettre une croix sur l'effet exponentiel que peut procurer un bon titre qu'on garde longtemps, cette façon de faire a souvent pour conséquence de priver les adeptes du pitonnage des poussées importantes que peuvent connaître les titres. Souvent, lorsque la valeur d'un titre monte de 10 % ou 15 %, le spéculateur va zapper immédiatement en pensant que le titre en question vient d'atteindre son sommet, alors que, dans de nombreux cas, l'ascension ne fait que commencer : le spéculateur pressé se contente de petites hausses et en verse près de la moitié à l'impôt ! En d'autres occasions, les mêmes accros du zapping encaisseront des pertes importantes ou bien, leurs actions ayant connu une baisse importante, ils perdront du temps à attendre qu'elles remontent au prix d'achat payé pour zapper sur un nouveau titre.

Ainsi, comme des millions de transactions quotidiennes s'effectueront sans doute de cette façon au cours des prochaines années, la volatilité des marchés s'accentuera fortement. C'est dire que les investisseurs inexpérimentés, enthousiastes et indisciplinés qui zapperont d'un titre à un autre déposeront sur un plateau d'argent des titres de grande qualité à des prix bien inférieurs à leur valeur réelle. Ce sont alors les investisseurs expérimentés et patients qui s'empareront de ces titres dans le but de les conserver longtemps.

Dans un texte intitulé « Pourquoi les Américains se montrent si inquiets au milieu de leur bien-être », Tocqueville a cette réflexion qui reflète bien l'attitude des adeptes du zapping :

> L'habitant des États-Unis s'attache aux biens de ce monde, comme s'il était assuré de ne point mourir, et il met tant de précipitation à saisir ceux qui passent à sa portée, qu'on dirait qu'il craint à chaque instant de cesser de vivre avant d'en avoir joui. Il les saisit tous, mais sans les étreindre, et il les laisse bientôt échapper de ses mains pour courir après des jouissances nouvelles.[11]

Trente ans de mariage… avec un titre

> Je ne fonde plus une opinion, une habitude ou un jugement sur autrui. J'ai expérimenté l'homme. Il est inconsistant.[12]
>
> –Einstein

Cette réflexion d'Einstein s'applique particulièrement bien au monde de l'investissement et elle exprime de façon lapidaire la raison pour laquelle il est souvent difficile pour l'investisseur de persévérer, de suivre une stratégie de placement fondée sur la patience, sur l'exploitation systématique du temps pour atteindre ses objectifs.

À regarder autour de soi, on remarque que les couples qui en arrivent à fêter leur 30e anniversaire de mariage ou de vie commune se font de moins en moins nombreux. S'il est relativement difficile de maintenir une telle union pendant si longtemps–alors même que la séparation est si coûteuse aussi bien sur le plan affectif que sur le plan financier et sur celui des procédures légales –, imaginons ce qui peut arriver dans le cas d'un titre que l'on peut vendre sur un simple coup de téléphone!

Que faudrait-il faire pour aider les investisseurs à conserver longtemps les titres de qualité qu'ils ont soigneusement choisis? Quel garde-fou devrait-on leur proposer pour les protéger de leurs émotions? De quels obstacles faudrait-il parsemer leur route pour ralentir leur mouvement de panique?

Devrait-on aller jusqu'à faire appel à un notaire chaque fois que l'on achète un titre? Si tel devait être le cas, l'investisseur ferait comme l'acheteur d'une maison: il s'assurerait de faire le bon choix (valeur du terrain, aspect fonctionnel de la maison, qualité de la construction, conformité aux normes municipales, etc.) étant donné son intention de profiter de cet achat pendant plusieurs années, voire toute sa vie... et que, même s'il le voulait, il ne pourrait pas s'en défaire sur un seul coup de téléphone. Et s'il en venait à décider de vendre sa maison, ce n'est pas parce qu'il y aura été poussé par la pression exercée sur lui par l'évaluation quotidienne de la valeur de sa propriété dans le journal.

Dans le cas des titres boursiers, la facilité avec laquelle on peut s'en départir constitue jusqu'à un certain point un obstacle à leur conservation. Alors qu'il est relativement facile de s'attacher à un bien matériel – une maison, par exemple – qui nous est essentiel ou dont on peut jouir tous les jours, il n'en est pas de même des actions d'une société: c'est là un placement, une sorte d'entité abstraite, en somme, dont on ne peut jouir concrètement.

À examiner ce qui se passe autour de nous, on dirait bien que les titres boursiers sont vraiment faits pour être vendus. D'autant plus que des tas de gens croient et nous rappellent qu'on a fait de l'argent seulement lorsqu'on a vendu ses titres et que les profits sont dans nos poches. Allez dire cela à Bill Gates, l'homme le plus riche de la planète ! Il n'a pas vendu sa participation de 20 % dans Microsoft... et c'est pour cela qu'il est le plus riche.

Non, il n'y a pas vraiment de mécanisme à mettre en place pour aider les gens à réussir l'exploit de conserver longtemps leurs titres. Tout réside dans l'attitude de l'investisseur, dans sa capacité de faire jouer le temps en sa faveur.

J'ai déjà présenté et expliqué à de nombreux investisseurs et même à plusieurs professionnels du monde de l'investissement la méthode élaborée dans le présent livre et la philosophie sur laquelle elle est fondée. Tous conviennent que c'est simple comme tout et que c'est plein de bon sens. Mais plusieurs m'ont dit qu'ils ne savaient pas s'ils étaient capables d'être assez patients, persévérants et disciplinés pour s'y soumettre pleinement. Einstein a bien dit que l'homme est inconsistant !

Si on tente de vous vendre l'idée de vous enrichir rapidement, vous aurez envie d'y croire. Car vous êtes pressé. Tout le monde veut un résultat immédiat. Cependant, n'oubliez pas que vous n'êtes pas au poste de commande : les compagnies dont vous devenez actionnaire sont dirigées par des humains comme vous, qui vendent des produits et des services à des humains comme vous. La performance que vous obtiendrez de vos placements dépendra, en bonne partie, de la compétence des dirigeants de ces entreprises.

Si vous voulez devenir riche rapidement, ayez votre propre entreprise, soyez-en l'unique actionnaire et faites-la croître à votre rythme, avec tous les risques que cela comporte. Or, ce n'est pas de cela dont il est question dans ce livre, mais bien d'un portefeuille de placement où vous serez passif en tant qu'actionnaire et où le temps devient votre meilleur allié.

Je suis convaincu que si le marché est plutôt au neutre au cours des deux prochaines années, tout le monde s'entendra pour dire que la méthode présentée dans ce livre ne fonctionne pas. Et on dira que le marché boursier, c'est pourri.

Par exemple, Berkshire Hathaway, le holding de Warren Buffett, a eu en 1973 et en 1974 deux années de faible croissance de sa valeur comptable (« book value »), soit 4,7 % et 5,5 % consécutivement[13]. On parlait probablement très peu de Warren Buffett pendant ces années. L'indice S&P 500 a eu des performances négatives au cours de ces deux années, soit −14,8 % en 1973 et −26,4 % en 1974. On affublait alors le marché de tous les maux. Et pourtant...

À ceux qui ont encore de l'argent à investir, je souhaite sincèrement que les marchés connaissent des périodes neutres au cours des quatre ou cinq prochaines années. Ils en bénéficieront s'ils ont un bon plan de match s'étendant sur plusieurs années. Leur patience et leur persévérance seront récompensées.

> Impatience, disais-je... Adieu, travaux infiniment lents, cathédrale de trois cents ans dont la croissance interminable s'accommodait curieusement des variations et des enrichissements successifs qu'elle semblait poursuivre et comme produire dans l'altitude! Adieu, peinture à la longue obtenue par l'accumulation de transparents travaux, de couches claires et minces dont chacune attendait la suivante pendant des semaines, sans égard au *génie*! Adieu, perfections du langage, méditations littéraires, et recherches qui faisaient les ouvrages à la fois comparables à des objets précieux et à des instruments de pré-

> cision!... Nous voici *dans l'instant*, voués aux effets de choc et de contraste, et presque contraints à ne saisir que ce qu'illumine une excitation de hasard, et qui la suggère. Nous recherchons et apprécions l'*esquisse*, l'*ébauche*, les *brouillons*. La notion même d'*achèvement* est presque effacée.
>
> C'est que le temps est passé, où le temps ne comptait pas. L'homme d'aujourd'hui ne cultive guère ce qui ne peut point s'abréger. L'attente et la constance pèsent à notre époque, [...].[14]

Paul Valéry a écrit cela dans la première moitié du siècle qui s'achève. Quels mots utiliserait-il pour traduire les attitudes caractéristiques des gens d'aujourd'hui!

Ne tirez pas sur... le gestionnaire

Dans le monde scolaire, l'évaluation du rendement – les fameux examens de fin d'année – a une grande importance pour les élèves. À l'approche des examens, les attitudes et parfois même le comportement de nombreux élèves changent dans un sens ou dans l'autre, selon que ces élèves appréhendent la catastrophe ou ont hâte de fournir la preuve de leur réussite. Et il va de soi que les résultats obtenus lors de ces examens ont une influence certaine sur la poursuite des études de la plupart des élèves.

De même, en sciences, il arrive que le seul fait de mesurer ait une influence sur l'expérience. C'est ainsi que le seul fait de plonger un thermomètre dans un récipient d'eau a précisément pour effet de modifier légèrement la température de l'eau que l'on veut mesurer... à moins, bien sûr, que le thermomètre et l'eau soient exactement à la même température et qu'on réussisse – ce qui serait tout un exploit! – à ne pas agiter les molécules d'eau en y introduisant le thermomètre.

Dans le monde de l'investissement, les exigences des investisseurs peuvent aussi influer sur le rendement de leur portefeuille. L'évaluation à laquelle se livre l'investisseur peut empirer ou améliorer le résultat d'un portefeuille de fonds d'investissement. Regardons-y de plus près.

Un investisseur qui fait gérer son portefeuille par un gestionnaire portera habituellement un jugement sur celui-ci à la lumière de sa performance annuelle. Influencé par cette pression, le gestionnaire sera en quelque sorte forcé à modeler sa gestion en conséquence, soit en choisissant des titres vedettes du moment ou encore, si le rendement du portefeuille est excellent après dix mois, en encaissant ses positions pour protéger ses profits jusqu'à la fin de l'année. À gérer de cette façon, le gestionnaire supposément compétent devient spéculateur. Pourtant, le gestionnaire veut conserver les actifs sous sa gestion car il sait très bien que, si sa performance sur un an est médiocre, il perdra des actifs aux mains des compétiteurs qui ont obtenu les meilleures performances de l'année antérieure. Pour appuyer ces énoncés, voici un cas récent et très significatif.

Pour la saison 1999 des REER, c'est-à-dire en janvier et en février de cette même année, quand on compare les statistiques de l'Institut des fonds d'investissement du Canada (IFIC) et les données obtenues à l'aide du logiciel Bellcharts, on se rend compte que :

premièrement, les trois fonds ayant été, et de loin, les meilleurs vendeurs se classaient dans le premier quartile de leur catégorie respective en 1998. (Comme quoi le succès attire le succès!);

deuxièmement, les trois fonds ayant connu les plus grandes pertes nettes d'actifs au chapitre des REER se retrouvaient en 1998 dans le troisième et le quatrième quartiles de leur catégorie respective.

C'est dire qu'au moment de déposer de l'argent dans leur REER les investisseurs ont vraisemblablement été influencés par les résultats que ces fonds avaient obtenus au cours de l'année précédente.

Il devient donc difficile pour un gestionnaire de conserver un plan de match à long terme, alors que cela serait pourtant excellent pour l'investisseur. Un gestionnaire sérieux qui ne se préoccupe pas des rendements annuels agit donc de la bonne façon mais verra des actifs sortir de ses portefeuilles pour se diriger vers ceux de gestionnaires vedettes de l'année précédente. L'investisseur avisé se choisira un gestionnaire qui a un objectif à long terme et qui ne se laisse pas indûment influencer par les performances annuelles du portefeuille. À investisseur patient, gestionnaire patient!

Mais attention!

Même si vous et votre gestionnaire avez le long terme comme horizon de placement, vous vivrez tout de même de grandes fluctuations si votre portefeuille est constitué de titres à faible capitalisation (« Small Caps »). Car si, par malheur, vous connaissez une année de faible rendement, plusieurs investisseurs plus « exigeants » liquideront leur position sous cette gestion, ce qui contraindra le gestionnaire à vendre ses actions des sociétés dites « Small Caps » pour créer les liquidités nécessaires au remboursement des nombreux investisseurs « exigeants ». Et, comme ces titres ne sont pas sujets à de forts volumes de transactions, le gestionnaire fera fondre la valeur de ces titres du fait de ses propres ventes massives.

C'est donc dire que, même si vous êtes un investisseur patient, et même si votre portefeuille est géré par un gestionnaire patient, les investisseurs impatients feront en sorte que votre portefeuille reculera de façon importante. Vous serez donc victime des investisseurs « exigeants ».

Si votre portefeuille est constitué d'actions de sociétés ayant une forte capitalisation (« Large Caps »), l'influence des ventes du gestionnaire – pour rembourser les investisseurs insatisfaits – est moins importante. Le volume de transactions sur les « Large Caps » étant plus grand, il est plus difficile d'influencer le prix des actions par les ventes d'un seul gestionnaire.

* * *

Vous est-il déjà arrivé de vous dire qu'un titre est probablement mauvais étant donné que de nombreux investisseurs ont décidé de vendre leurs actions ? Or, peut-être s'agissait-il tout simplement du fait qu'un gestionnaire de portefeuille était contraint de vendre ? N'oubliez jamais qu'il n'y a qu'une seule raison pour laquelle on achète un titre : on pense que ce sera bon ; mais il y a plusieurs raisons de le vendre : l'investisseur pense que ce titre perdra de la valeur, l'investisseur a un besoin de liquidités, etc. Il est donc aberrant de juger de la valeur d'un titre sur la seule base de ses fluctuations à la hausse ou à la baisse, ou sur celle du seul volume de transactions dont il fait l'objet. Même si on sait que les investisseurs achètent parce qu'ils pensent que c'est un bon titre, on n'a pas à fonder son évaluation d'une entreprise sur l'opinion de la masse.

Conclusion de tout cela : il devient impossible de prévoir les fluctuations à court terme ; il y a trop de décideurs qui achètent et qui vendent, et qui le font à différents moments en utilisant différents renseignements et différentes opinions pour prendre leurs décisions de placements.

Si on revient à la comparaison des rendements annuels, on constate que certaines compagnies de fonds d'investissement font souvent la promotion de leurs fonds vedettes de l'année précédente, vantant leurs mérites et leur succès. Si la performance de leurs fonds a été moyenne, ils se justifient alors en alléguant qu'ils ont une vision à long terme. Ce qu'il y a d'étonnant, c'est que leur discours peut varier sensiblement d'une année à l'autre.

Ce qui précède permet de réaliser à quel point on peut créer du sensationnalisme sur une magnifique performance à court terme, un procédé qui équivaut à prêcher pour la spéculation. Ne vous laissez pas avoir à ce petit jeu !

Profitez des spéculateurs !

Dans la vie courante, il nous arrive souvent de rencontrer des gens qui croient – ou qui agissent comme s'ils y croyaient – que ce qui arrivera demain sera semblable à ce qui est arrivé hier, répondra aux mêmes critères ou, tout au moins, sera influencé par les mêmes éléments pour produire les mêmes résultats. Anxieux devant l'incertitude du lendemain, ces gens se sécurisent en quelque sorte en faisant comme si tous les moments de la vie n'étaient, selon des cycles plus ou moins longs, que la répétition de moments antérieurs. C'est là une approche fataliste qui ne peut qu'engendrer l'immobilisme ou apporter de l'eau au moulin à ceux et celles qui en ont besoin pour justifier leur incapacité de passer à l'action au moment opportun.

Il en va de même dans le monde de l'investissement. C'est ainsi que vous pourriez rencontrer une personne qui vous dise : « Saviez-vous que si, de 1969 à 1991, vous aviez investi 5 000 $ dans un fonds mutuel nommé *Fonds Templeton Croissance* au creux du marché de chacune de ces années, vous auriez accumulé 1,29 M $, ce qui constituerait un retour moyen de 18,4 % ? »

Or, un autre vous dira : « Si, pendant les mêmes années, vous aviez investi dans le même Fonds le jour où le marché était à son plus haut, vous auriez accumulé 1,12 M $, ce qui donnerait un rendement moyen de 17,4 %. »

D'où on peut être porté à conclure qu'il est inutile de chercher le moment le plus propice pour un placement et qu'il est préférable d'acheter régulièrement sans se préoccuper des hauts et des bas en cours d'année. C'est là une réaction outrancière.

Plus que jamais auparavant, il faudra, au cours des prochaines années, choisir avec soin le moment d'acheter des actions et, bien sûr, ne pas céder au vent de folie que risquera de créer l'accroissement de la volatilité des marchés, celle-ci étant attribuable à plusieurs facteurs : l'accès à l'information (rappelez-vous les amateurs de zapping), l'importante croissance du nombre de titres sur le marché, l'augmentation du nombre de personnes mieux informées sur le fonctionnement des marchés financiers, la montée de la présence des Asiatiques dans le marché boursier, etc. Cette volatilité attirera plusieurs spéculateurs et, de façon générale, ceux-ci – acheteurs et vendeurs à répétition – perdront de façon générale plus d'argent.

Établissons ici un parallèle avec les casinos. Vous aurez sans doute remarqué que plus les casinos offrent des magots importants aux clients, plus ces gigantesques entreprises font des profits. Cela veut donc dire que le spéculateur – ou le « joueur » – perd en général plus d'argent au profit des casinos. On peut aussi faire le parallèle avec les billets de loterie : quand les lots deviennent plus importants – pensons aux gros lots de 10, 20 M$ –, les acheteurs de billets de loto se font plus nombreux et les accros achètent davantage. Cela veut donc dire que les acheteurs de billets de loto déposent en général plus d'argent dans les coffres des organisateurs de loteries, notamment ici, les gouvernements.

Ainsi, dans le cas des casinos et des loteries, tous les contribuables sortent collectivement gagnants de l'activité des joueurs, alors que dans celui de l'investissement vous pouvez, à titre d'investisseur individuel, tirer profit de l'activité fébrile des spéculateurs.

Le risque…, c'est peut-être vous

Dans le langage du monde de la finance, la notion de risque prend plusieurs visages qui, selon les circonstances, constitueront parfois des épouvantails pour les investisseurs. On parle souvent du risque du marché, du risque de l'inflation, du risque de la dévaluation du dollar, du risque de la variation des taux d'intérêt, du risque que représente l'instabilité politique, etc. Dans les faits, il y a de nombreux éléments qui, favorisant la volatilité des actions, engendrent des risques pour l'investisseur.

Mais l'agir et les réactions des investisseurs présentent souvent plus de risques que les investissements eux-mêmes.

Vous prenez un risque qui s'avérera plus ou moins néfaste :

- si, par témérité, par ignorance ou pour toute autre raison, vous mettez tous vos œufs dans le même panier, si vous vous constituez un portefeuille insuffisamment diversifié ;
- si, impressionné par un spéculateur astucieux ou chanceux qui vous raconte ses « bons coups », vous devenez vous aussi un « activiste » de la Bourse, et que vous cessez de compter sur un élément essentiel pour atteindre vos objectifs : le temps. (Un *coup*, qu'il soit bon ou mauvais, est toujours un acte très limité dans le temps, un acte quasiment instantané : qu'on pense à un coup de poing, à un coup d'épée, à un coup de bâton. Dans le cas d'un placement, si le coup est bon, il vous en coûtera de l'impôt… et s'il est mauvais, vous perdrez de l'argent.) ;
- si, comme beaucoup de gens qui veulent accroître leur avoir, vous devenez tellement intoxiqué par la hâte que vous n'êtes plus capable de laisser au temps le temps de faire son œuvre ;
- si, investisseur à long terme dans des titres de croissance, vous prenez panique devant une importante correction du marché au point de craquer et de vendre des titres. (En effet, s'il s'agit de titres acquis depuis peu, vous subirez probablement une perte. S'il s'agit de titres que

vous détenez depuis plusieurs années et qui vous ont permis, malgré leur baisse récente, d'accumuler un gain, vous venez de tuer dans l'œuf l'effet exponentiel de votre portefeuille et, réalisant un gain en capital, vous enverrez un beau chèque au ministre du Revenu);

- si, très sensible aux périodes de turbulence des marchés boursiers – comme la baisse de l'été 1998 – vous remettez en question non seulement un placement mais même le fait de demeurer actif sur les marchés financiers;
- si vous oubliez que le temps c'est de l'argent et que les sociétés dans lesquelles vous investissez ont besoin de temps pour développer des marchés, élaborer de nouveaux produits et améliorer leurs méthodes de production. (Ne prenez pas le risque de n'investir que de l'argent; investissez aussi du temps!).

Les impatients à l'école

On trouve régulièrement dans les quotidiens et dans la presse spécialisée des concours, des jeux en somme, dont l'objectif est de se constituer un portefeuille boursier fictif et d'obtenir sur une période déterminée – généralement trois mois – une performance de croissance meilleure que celle des autres concurrents. Les gagnants obtiennent bien sûr des prix.

Dans des établissements d'enseignement, on encourage les élèves à participer à ces concours. Par divers moyens, dont la constitution d'une équipe pour chaque portefeuille et l'information diffusée dans le milieu scolaire en question, on crée une émulation, on fait de la participation à de tels concours un événement auquel on tente même d'intéresser la collectivité par le biais des journaux locaux.

Les jeunes sont ainsi invités et encouragés à se creuser la tête pour se démarquer des autres et obtenir les meilleurs résultats possibles dans les meilleurs délais. Dans certains cas, le gagnant se contentera de dire qu'il a été plus chanceux que les autres concurrents; dans d'autres cas, il se dira plus rusé. Tant mieux si personne n'en vient à s'afficher comme étant plus compétent ou plus intelligent!

Bien que les promoteurs de ces concours visent sans doute, par ce moyen, à initier les jeunes au fonctionnement des marchés boursiers, ce genre d'entreprise n'en reste pas moins un artifice qui se donne des airs d'une activité éducative. En effet, ce genre de concours encourage la spéculation, laisse croire aux jeunes que tout est possible instantanément ou dans le court terme. En promouvant de telles initiatives ou en s'y associant, les écoles entraînent malheureusement les jeunes investisseurs potentiels sur une mauvaise piste.

Les jeunes ont déjà assez d'occasions et de tentations de « vouloir tout, tout de suite » sans qu'on leur crée de nouvelles illusions par le biais de l'investissement, fût-il fictif. L'impatience ne constitue pas une nouvelle vertu!

Être lièvre ou tortue

Vous souvenez-vous suffisamment de la fable de Jean de La Fontaine intitulée « Le lièvre et la tortue »[15] pour pouvoir en tirer des leçons applicables à la vie courante et en particulier à vos activités en tant qu'investisseur?

Si j'étais professeur de finance, je recommanderais à mes étudiants de s'inspirer de cette lecture pour alimenter leur réflexion sur l'investissement et, surtout, sur leur comportement d'investisseur. Mon expérience du monde de la finance et mes contacts dans ce milieu m'ont permis de constater qu'il y a plus de lièvres que de tortues qui s'intéressent aux marchés financiers. Malheureusement, ces spéculateurs qui cherchent sans cesse une meilleure idée passeront constamment d'un bon coup à un mauvais; ils pensent qu'ils ont tout le temps devant eux pour s'enrichir. Sans en être conscients – ou incapables de se rendre à l'évidence – ils gaspillent ce temps et, par le fait même, entravent la croissance de leurs actifs.

Comme dans la fable, mais davantage encore dans le domaine de l'investissement, le vrai investisseur aura une longueur d'avance sur le spéculateur, et quelle longueur!

Dans la fable, la course entre le lièvre et la tortue se déroule à l'intérieur d'une seule journée. Mais dans la vie d'un investisseur, elle dure plusieurs dizaines d'années, et il n'y en a qu'une. Pour ne pas se laisser distraire pendant cette longue course, il faut avoir une bonne carapace.

C'est aussi La Fontaine qui, dans la fable « Le lion et le rat », nous dit :

> Patience et longueur de temps
> font plus que force ni que rage.

L'investisseur doit être indépendant d'esprit

Pour mettre en pratique la méthode proposée dans ce livre – en particulier pour conserver longtemps les titres de son portefeuille –, il faut, bien sûr, avoir une certaine indépendance, c'est-à-dire ne pas être placé dans la situation d'être forcé de liquider des actifs pour répondre aux besoins du moment. C'est ainsi qu'un emprunt hypothécaire ou la perspective de l'achat d'une nouvelle voiture, alors qu'on n'a pas d'économies suffisantes, peuvent provoquer des modifications au « plan de match » de l'investisseur ou encore constituer des entraves à sa nécessaire indépendance d'esprit. Dans le même ordre d'idée, il est malvenu d'emprunter dans le but de donner un effet de levier à son portefeuille d'investissement.

Il est évident que si vous vous êtes mis dans une position vulnérable – comme celle d'avoir un besoin de liquidités à court terme alors que vous aviez investi à long terme – vous avez fait l'erreur de ne pas vous être appuyé sur des bases solides pour réaliser votre plan d'investissement. Votre besoin de liquidités risque de vous obliger à vendre vos actions à un moment où le marché n'est pas à son meilleur.

C'est dire à quel point je reste surpris, voire estomaqué, quand, une fois que je lui ai expliqué l'importance de garder ses titres longtemps pour obtenir l'effet exponentiel, une personne me pose la question suivante : « J'ai 100 000 $ à placer pour six mois; quelles actions me recommandez-vous ? ».

À pareille question j'aurais le goût de répondre d'une seule traite : « Mais, vous rêvez ! D'une part, vous me laissez entendre que vous aurez besoin de votre argent dans six mois et, d'autre part, vous voudriez faire profiter cet argent en jouant à la Bourse. Car, dans ce cas-ci, il s'agit bien de jouer. Vous savez bien que vous prendriez ainsi un risque sérieux. Qui vous dit qu'en jouant aux montagnes russes de la Bourse, vous ne vous retrouverez pas avec une perte dans six mois ? ».

L'investisseur raisonnable ne pourra réaliser ses rêves que dans la mesure où il mettra le temps à contribution. Un arbre de 30 ans a bien mis 30 ans à pousser !

* * *

L'investisseur, qui a besoin de garder son indépendance d'esprit, doit aussi se méfier du piège des prix cibles.

Dans les rapports d'analyse d'une société publique, l'information fournie sur celle-ci est habituellement pertinente et peut aider l'investisseur à se faire une opinion. Cependant, la plupart des analystes débordent le champ des faits pour s'engager dans celui des opinions, en donnant l'indication du prix cible d'un titre dans douze ou dix-huit mois, c'est-à-dire la valeur que devrait avoir le titre à ce moment-là. Or, on le sait bien, la plupart des gens auront la tentation de consulter l'indication du prix cible avant de décider de lire ou de ne pas lire le rapport. Bien que l'analyste ne vise pas nécessairement à conditionner le lecteur à avoir une vision à court terme, cette façon de procéder fait naître des attentes qui nuiront à l'indépendance d'esprit de l'investisseur!

En effet, si, pour un titre que vous avez acheté à 10 $, le prix cible établi à 15 $ devient réalité dans un an, vous serez tellement conditionné à l'avance que vous n'aurez alors aucune hésitation à vendre ce titre et à crier victoire. En fait, ce sont le ministre du Revenu du Québec et le Receveur général du Canada qui triompheront puisqu'ils empocheront environ 2 $ par action que vous aurez vendue à ce moment-là.

Pour illustrer à quel point la lecture de rapports d'analyse encourage à penser à court terme, imaginons maintenant la situation suivante.

Supposons, le marché venant de vivre une correction importante – comme celle du mois d'août 1998 –, que le titre que vous avez payé 10 $ est descendu à 8,25 $ et que les analystes décident de rafraîchir leur rapport sans trop en changer le contenu mais en modifiant le prix cible. C'est ainsi que leur suggestion passera de « Achat fortement recommandé » à « Achat » en réduisant tout simplement le prix cible de 15 $ à 11,50 $. Partant de ce scénario, vous aurez probablement l'une des deux réactions suivantes : ou bien vous attendrez que le prix de l'action revienne à 11,50 $ pour vendre, ou, plus probablement, lorsque le titre aura atteint les 10 $ – c'est-à-dire votre prix d'achat – vous vendrez en vous disant que vous avez au moins récupéré votre mise.

Sous l'influence d'un rapport d'analyse produit par une firme sérieuse, il est très difficile de garder son indépendance d'esprit, surtout si, en plus, une certaine atmosphère de panique est véhiculée et entretenue par les médias, et si celle-ci est à son tour alimentée par l'inquiétude des voisins, des proches ou encore des intervenants qui ont tendance à nous influencer quant aux décisions à prendre.

Et même si vous êtes une personne très rationnelle, très indépendante d'esprit, convaincue de la qualité du titre à long terme, vous aurez de la difficulté à décider d'acheter de nouveau des actions au prix de 8,25 $.

Imaginons maintenant que le titre est à 10 $, que vous l'avez payé 9 $ et qu'on vous recommande de le vendre étant donné que le prix cible de l'action sur une période de douze mois est établi à 7,50 $. Vous ne prendrez probablement pas le temps de lire le rapport et vous vendrez vos actions sur-le-champ. Et votre réaction sera d'autant plus rapide si vous avez payé le titre 6,50 $. Vous aurez envie de protéger un profit et de vendre. Cela s'appelle « l'influence du prix d'achat » et traduit un sentiment bien humain que Tocqueville exprime de la façon suivante :

> Ce qui attache le plus vivement le cœur humain, ce n'est point la possession paisible d'un objet précieux, mais le désir imparfaitement satisfait de le posséder et la crainte incessante de le perdre. »[16]

Investisseur par-ci... spéculateur par-là?

Au moment de vous engager dans la mise en application de la méthode que je propose dans ce livre – ou, plus probablement, quelques mois voire quelques années plus tard –, vous pourriez sans doute avoir la tentation de me tenir les propos suivants : « Je suis devenu un investisseur patient, bien sûr, mais aussi un investisseur passif... Je me sens comme quelqu'un qui regarde des arbres pousser... Ma vie d'investisseur est assez monotone... ».

Et pour rendre cette vie plus active ou plus trépidante, il y a de fortes chances que vous poursuiviez en me disant : « J'ai envie d'utiliser une petite partie de mon portefeuille pour tenter des coups rapides à la Bourse... Une petite partie seulement, rien pour mettre en péril mon portefeuille étalon... Je veux quand même rester investisseur et non devenir spéculateur. En quoi spéculer un peu pourrait-il me nuire? ».

À pareille question je n'ai qu'une réponse : investir selon la méthode que je propose requiert une discipline de tous les instants; la moindre dérogation peut vous entraîner petit à petit dans les travers de la spéculation. Bien sûr, je sais qu'il y a une grande différence entre le spéculateur journalier (« day trader ») et celui qui vend des titres après les avoir détenus quelques mois ou quelques années; mais l'investisseur avisé se fait un devoir de ne spéculer en aucun temps. Un devoir et une fierté.

En cela, l'investisseur avisé met en pratique un conseil-clé de Warren Buffett illustré par l'anecdote suivante rapportée par un de ses amis :

> Le projet de pari était de ceux que les riches compagnons de golf affectionnent. Un billet de 10 $ du génie de la finance Warren Buffett contre 20 000 $ qu'il ne réussirait pas un trou d'un coup pendant les trois jours de l'excursion de golf.
>
> Nous étions huit joueurs réunis à Pebble Beach; c'est pendant un moment de détente, après un dîner arrosé de quelques bouteilles de vin, que je proposai ce pari. Il s'agissait évidemment d'une blague, mais les six autres me prirent au mot. Tous sauf Warren.
>
> Alors, nous lui avons servi tout un tas d'arguments et de cajoleries : après tout, il ne s'agissait que de 10 $. Mais il a dit qu'après y avoir réfléchi il en venait à la conclusion que ce n'était pas un bon pari pour lui. Il nous a dit que si quelqu'un se laisse aller à l'indiscipline à propos de petites choses il y a de fortes chances qu'il soit indiscipliné dans les grandes choses aussi.[17]

Il n'y a pas d'âge pour investir

De toute évidence, plus on est jeune quand on commence à investir dans la croissance, plus grande est la chance de profiter de l'effet exponentiel de ses placements... et plus nombreuses seront les années au cours desquelles on pourra en profiter. Ainsi, il serait plus avantageux – si ce n'était pas utopique – d'investir les gains de sa première année sur le marché du travail et de dépenser la totalité des gains des 29 années subséquentes plutôt que de dépenser les gains des 29 premières et de placer ceux de la dernière.

Cependant, il n'est pas trop tard pour investir dans la croissance même quand on a 55 ou 60 ans. Il m'est arrivé à quelques reprises – après que j'aie présenté la méthode développée dans ce livre – d'avoir la conversation qui suit avec un interlocuteur.

– Je viens d'avoir 60 ans. Je ne peux quand même pas avoir une perspective de 20 ou de 30 ans pour mes placements !

– Alors, pendant combien d'années envisagez-vous de garder votre portefeuille de placements ?

– Disons cinq ans.

– Cela veut-il dire qu'à 65 ans vous entrevoyez avoir dépensé tout l'argent que vous aurez accumulé ?

– Non, bien sûr !

– Donc, vous aurez encore des placements à 65 ans ; vous aurez encore un portefeuille dont vous souhaiteriez que la progression se poursuive ?

– En effet.

– Il y a donc au moins une partie de votre portefeuille qui aura un horizon de placement plus éloigné ?

– Évidemment.

Et on pourrait continuer ce dialogue. Je remarque qu'il y a souvent de la confusion chez l'investisseur entre, d'une part, sa perception de son horizon de placement et, d'autre part, ses besoins à court et à plus long termes.

Dans la mesure où vos besoins d'aujourd'hui et de demain permettent qu'une partie de vos actifs soit consacrée à la croissance, seule la mentalité de l'investisseur à long terme doit continuer de s'appliquer. Pourquoi cesseriez-vous de rechercher l'efficacité sur le plan de la taxation et l'effet exponentiel de vos placements ? Rien n'empêche de toucher une portion de vos actifs si vous avez des besoins de liquidités. Par analogie, c'est un peu comme pour la soif : quand vous passez à côté du réservoir d'eau, vous pouvez en prendre mais il n'est pas nécessaire de le vider au complet pour vous en servir un verre ! De même, vous n'avez pas besoin de liquider votre portefeuille en totalité parce que vous avez besoin de liquidités ; le reste de vos placements continuera de croître et l'impôt continuera d'être reporté. Vous pourrez donc piger dans la réserve de temps en temps.

À 60 ou à 70 ans, la question n'est donc pas de décider si on doit acheter des titres de croissance pour une courte ou pour une longue période. Elle est plutôt : y a-t-il de la place pour de la croissance dans mon portefeuille ? Seuls vos besoins détermineront la réponse.

Dans plusieurs ouvrages, on suggère une formule basée sur l'âge pour déterminer le pourcentage du portefeuille en revenus fixes et en titres de croissance. Par exemple, si vous avez 60 ans, on vous propose grossièrement 60 % en revenus fixes et 40 % en titres de croissance ; à 70 ans, 70 % en revenus fixes et 30 % en titres de croissance. Cette formule favorise donc la diminution de la volatilité en fonction de l'âge. Je ne suis pas pleinement d'accord avec cette approche, principalement parce qu'elle ne fait aucunement état des besoins. À mon avis, ne retenir que le critère de l'âge n'a pas de sens.

Vous comprendrez qu'une personne dont le portefeuille s'établit à 50 millions de dollars peut bien ne détenir que des titres de croissance. Si son portefeuille est correctement diversifié, il peut bien vivre toutes les fluctuations du marché, ses besoins de base seront en principe comblés. Par contre, si un individu de 70 ans n'a que 100 000 $ et aucune autre source de revenus, vous avez ici une situation à l'autre extrême. À chacun de déterminer son équilibre, de décider si, compte tenu de ses besoins, il y a place pour la croissance.

Quel que soit son âge, on ne doit pas changer son attitude à l'égard de la portion « croissance » de son portefeuille de placements.

Mes champions

Apprendre de ceux et celles qui ont réussi, s'inspirer du cheminement des champions, quel que soit le domaine dans lequel ils ont laissé leur marque : c'est sans doute la meilleure façon de procéder pour connaître le succès.

Mes champions... J'aurais bien sûr pu choisir de vous parler plus longuement de Descartes, de Valéry, de Tocqueville (vous auriez d'ailleurs pu vous y attendre, au nombre de fois que je les ai cités dans ce livre...). Mais, vous l'aurez déjà prévu, d'une part parce que ce livre traite de questions financières et, d'autre part, parce que j'ai amplement manifesté ma grande admiration pour lui, c'est du champion Warren Buffett que je parlerai plus longuement d'abord.

Dans le domaine du sport – domaine qui, soit dit en passant, présente certaines analogies avec celui de l'investissement –, j'aurais évidemment pu vous faire part de mon admiration pour Wayne Gretzky, Michael Jordan, Steffi Graff, Jacques Villeneuve ou encore pour Donovan Bailey ou Bruny Surin. À la manière de Descartes, qui a puisé dans son environnement – on dirait aujourd'hui dans son vécu – pour élaborer ses « Règles de la direction de l'esprit » et son « Discours de la méthode », j'ai choisi de vous parler ensuite de mon frère Danny. Tant pis pour ceux et celles qui considéreront que je fais preuve d'un esprit de clocher…

Warren Buffett : une légende de l'investissement

> Le sens commun est peut-être le facteur le plus important de tout ce qui a aidé Buffett à faire plus d'argent que quiconque sur le marché des actions; des 400 Américains les plus riches, d'après la liste du magazine *Forbes*, Warren Buffett est le seul à y être parvenu par la seule voie de l'investissement.[1]

Au début de mai 1999, j'ai assisté à l'assemblée annuelle des actionnaires de Berkshire Hathaway, à Omaha, Nebraska. Dans les jours et les semaines qui ont précédé et suivi cette manifestation à laquelle se sont associées près de 15 000 personnes, des journaux et des périodiques tant du Canada que des États-Unis ont largement fait état de la vie et des réalisations de Buffett. Des nombreux articles qui ont alors été publiés, j'ai choisi de vous présenter un long extrait d'un texte de François Pouliot, du quotidien *Le Soleil*[2]. Voici cet extrait qui résume très bien la carrière de Buffett.

« Mais qui est donc cet homme, aux épaisses lunettes et aux habits sans éclats, qui magnétise les foules?

« Âgé de 68 ans, le plus riche Américain après Bill Gates (qui lui a enlevé la première place) est parti de rien et a bâti une fortune colossale en investissant à long terme dans des sociétés telles que GEICO, Gillette, Coca-Cola, Disney, American Express.

« D'une société de textile en difficultés financières, Warren Buffett a fait de Berkshire Hathaway, et de sa personne, le modèle du capitalisme américain. Sous les

10 $ US à son arrivée au capital, le titre de la société se négocie aujourd'hui à... 77 000 $ US l'action!

« Depuis 1965, année du grand départ, quatre fois seulement le holding de Buffett s'est fait battre par l'indice S&P 500. La performance de la compagnie est ahurissante : alors que 10 000 $ investis dans l'indice à cette époque valent aujourd'hui 132 990 $, la même somme investie dans Berkshire Hathaway vaut 51 millions $.

SON HISTOIRE

« Fils d'un courtier d'Omaha, Buffett se lance en affaires à 13 ans, lorsque son père, élu au Congrès, emmène la famille à Washington.

« Le jeune Warren devient camelot du *Time Herald*, aujourd'hui disparu, et du *Washington Post*, quotidien dont il doit plus tard devenir l'actionnaire et l'administrateur le plus influent.

« On raconte que le camelot est différent des jeunes de son âge. Il choisit ses itinéraires, s'attarde à la densité des habitations, aux ascenseurs et au niveau de vie des ménages. Sa poche de journaux est aussi plus lourde que les autres. Levé chaque jour à 5 h 30, il livre aux portes pas moins de 500 exemplaires.

« À 15 ans, il décide de faire fructifier le pécule accumulé, mais encore là, à sa façon, en achetant une terre du Nebraska, qu'il louera à un fermier.

« Avec la défaite d'Howard Buffett aux élections, la famille rentre à Omaha.

« Recalé à Harvard, Warren Buffett s'inscrit, déçu, à l'université Columbia de New York. Il va pourtant y rencontrer l'homme qui transformera sa vie : Benjamin Graham, celui que plusieurs considèrent comme le père de l'analyse fondamentale.

« Déjà, Buffett a lu son ouvrage : *The Intelligent Investor*. Benjamin Graham apprend à ses élèves à se méfier de Wall Street, à ignorer les courants en vogue, à faire fi des rumeurs et des tuyaux pour plutôt traquer ces valeurs boursières qu'il qualifie de « mégots de cigares », et dont personne ne veut.

« Le maître prendra l'élève sous son aile et pendant quelques années Buffett travaillera à la gestion du fonds de valeurs de Graham.

« Lorsque celui-ci se retire du marché, Buffett décide d'y plonger.

« Âgé de 26 ans et marié depuis quatre ans à Susan Thompson, il installe son bureau dans une chambre de la maison, sollicite la famille, quelques amis d'Omaha et d'anciens clients de Graham.

« Mon but est de progresser chaque année de 10 points de pourcentage de mieux que le Dow Jones », dira-t-il aux premiers partenaires en leur promettant de faire chaque année rapport à l'assemblée des actionnaires. Il insiste toutefois pour que, dans l'intérim, on ne l'interroge pas sur ses investissements.

« C'est ainsi que naît Buffett Partnership Ltd., une société qui, en 13 ans, progressera en moyenne de 30 % par année. Le Dow Jones, lui, n'avancera que de 8 %...

« Effrayée par son succès, et par une bourse qui grimpe trop vite à son goût, la légende d'Omaha dissout le partenariat en 1969. Cette année-là, pendant que New York avançait de 9 %, le portefeuille a fait un bond de 59 %.

« À 39 ans, dans l'incompréhension générale, Buffett liquide donc tout, ou presque.

« Mais voilà justement qu'en 1969, le marché tombe.

« Retiré, il n'a conservé qu'une participation personnelle de 29 % dans un canard boiteux, une ancienne manufacture de coton de la Nouvelle-Angleterre. Son pire investissement à vie.

« Il décide de remettre sa réputation en jeu, revient sur le marché et entreprend de transformer la société en holding.

« Cette société se nomme... Berkshire Hathaway. »

* * *

Berkshire Hathaway est un holding principalement composé de compagnies d'assurances. Elle détient à 100 % General Re et GEICO. À la fin de 1998[3], elle détient aussi des sociétés dans les domaines du meuble, des souliers, des bijoux, des jets privés, de l'entraînement de pilotes et plusieurs autres industries privées. Elle détient enfin un portefeuille de sociétés publiques, notamment :

- 200 millions d'actions de Coca-Cola;
- 96 millions d'actions de Gillette (ce qui représente 8 % de la société);
- 50 536 900 actions de American Express (soit 17 % de cette société);
- 51 202 242 actions de Walt Disney;
- 60 298 000 actions de Freddie Mac;
- 1 727 765 actions de *Washington Post*;
- 63 595 180 actions de Wells Fargo & Compagny.

Warren Buffett détient à lui seul environ 30 % de la société Berkshire Hathaway. Il est incontestablement le plus grand investisseur de tous les temps.

Il est aussi un très grand communicateur. J'ai particulièrement eu l'occasion de m'en rendre compte au Ak-Sar-Ben Coliseum d'Omaha, le 3 mai dernier. J'y ai passé six heures à écouter les exposés et les commentaires de Buffett ainsi que les réponses que lui et Charlie Munger, son partenaire, ont fournies aux nombreuses questions des actionnaires.

C'est à cette rencontre que j'ai appris que Buffett a rencontré Bill Gates pour la première fois en 1991, que Gates l'a alors sensibilisé aux bienfaits de la technologie de Microsoft et l'a incité à investir dans sa société. Ce que Buffett n'a pas fait. Aujourd'hui, Buffett dit qu'il aurait eu de bien meilleurs résultats avec des actions de Microsoft qu'avec celles de Coca-Cola, pour la période de 1991 à aujourd'hui. Il poursuit en disant que n'étant pas familier avec les nouvelles technologies il a préféré s'en tenir à ce qu'il connaissait. « Investir dans Microsoft aurait été un beau pari, mais nous ne faisons pas dans l'industrie du jeu. »

Pour Buffett, l'évolution technologique que nous vivrons au cours des prochaines années a peu de chances de changer le goût du Coca-Cola ainsi que l'habitude des gens d'en boire. En comparaison, il nous invite à réfléchir à la question suivante : quelles seront les sociétés du secteur technologique qui seront toujours là dans dix ou quinze ans ? Buffett met toutes les chances de son côté : il préfère s'enrichir plus lentement mais plus sûrement.

Pour sa part, Charlie Munger dit qu'il ne se préoccupe pas de saisir toutes les occasions d'affaires qui peuvent se présenter : il se concentre plutôt sur un nombre restreint d'investissements intelligents à faire, ce qui lui paraît suffisant pour s'enrichir.

Voici, en réponse à diverses questions, quelques-uns de leurs énoncés lapidaires[4]:

Buffett :

- Ce qu'il faut viser, ce n'est pas d'être riche un jour, mais bien d'être riche pour toujours. (Un message clair à l'intention des spéculateurs!)
- Coca-Cola vend un produit qui est similaire à ce qu'il était il y a 50 ans. Ça, on aime ça!
- Il est bon pour les États-Unis d'avoir le leadership dans le secteur technologique; cela est profitable pour l'économie et pour les sociétés américaines. Toutefois, nous n'investissons pas dans les compagnies de ce secteur car nous ne savons pas comment procéder à leur évaluation.

Munger :

- Un investisseur doit devenir un passionné de la rationalité.
- Nous ne prêtons aucune espèce d'attention aux fluctuations à court terme; seul le portrait à long terme nous intéresse.
- Quand une personne riche perd tout ce qu'elle a, c'est qu'elle a trop compté sur l'effet de levier. Autrement, il n'y a pas vraiment de raison de tout perdre.

Ce genre de réparties et de réflexions permet d'entrevoir l'état d'esprit qui anime MM. Buffett et Munger. Ils appliquent avec une assez grande rigueur la maxime « un tiens vaut mieux que deux tu l'auras ».

Danny Bell : un athlète exemplaire

À les regarder agir, à voir les reportages télévisés qui leur sont consacrés ou à lire les articles qui relatent les étapes de leur vie et de leur cheminement, les athlètes qui ont atteint les sommets nous donnent parfois l'impression d'avoir une vie très déséquilibrée parce qu'ils s'entraînent de façon soutenue, passant des heures à faire les mêmes exercices ou à se soumettre à un programme ne tolérant aucun écart.

Pourtant, combien de gens passent 35 ou 40 heures par semaine à faire un même travail et ce, à longueur d'année... sans pour autant se considérer comme ayant une vie déséquilibrée? Au contraire, on dira même souvent qu'ils ont une vie routinière. Pourquoi la routine de l'athlète paraît-elle si différente? La principale différence entre les deux ne réside pourtant que dans le temps requis pour recevoir la récompense. Celle du travailleur est immédiate – il reçoit sa paie à intervalles réguliers et rapprochés – alors que l'athlète est capable d'attendre une récompense qui viendra plus tard, la plupart du temps au rythme des compétitions.

Parce que cette gratification sera grande à ses yeux, parce qu'elle lui apportera une satisfaction à plusieurs égards incomparable, le véritable athlète est disposé à agir de façon rationnelle, à se donner et à suivre une méthode. Bien qu'il rêve d'atteindre les plus hauts sommets, il n'est pas intoxiqué par la hâte, sachant que rares sont ceux et celles qui y arrivent en brûlant les étapes. Beaucoup de sportifs qui ont tout le talent pour réussir ne deviendront jamais des champions dans leur discipline uniquement parce qu'ils n'ont pas suffisamment de force de caractère et de patience.

Les sacrifices et la persévérance de l'athlète lui donneront éventuellement une grande victoire. La rationalité de l'humain n'est pas une affaire d'absence d'émotion mais bien de contrôle de celle-ci. L'athlète recherche l'émotion ultime, soit une victoire éclatante, enviée de tous, et satisfaction ultime, l'admiration de ses proches.

La plupart des hommes et des femmes qui rêvent de devenir de grands athlètes, d'être champion dans leur sport favori, croient qu'il est impossible de l'être, ou encore, croient qu'ils pourraient l'être si... Vous savez, les « si » qui font qu'on va à Paris ou qu'on reste ici !

Voici l'histoire d'un de mes proches, mon frère Danny, que j'admire, qui a été une grande source d'inspiration pour moi et qui m'a démontré hors de tout doute la grande puissance de la rationalité, de la méthode et de la discipline.

À l'âge de 10 ans, le sport préféré de Danny était la balle au mur (les Américains appellent cela le « handball »). Il s'agit d'un des plus vieux sports au monde, un des sports nationaux de l'Irlande, un sport qui ressemble au raquetball et au squash mais qui se joue avec les mains. Ce sport est considéré comme l'un des plus exigeants sur le plan physique.

À cet âge, Danny n'avait rien de l'athlète que l'on s'imagine. Petit, maigrichon, un peu comme Gretzky, il avait l'air fragile et le teint pâle. Rares sont ceux qui auraient osé lui prédire un avenir brillant dans le sport. Mais Danny avait les qualités d'un grand champion : il avait toutes les dispositions d'un homme rationnel et indépendant d'esprit.

Aujourd'hui, Danny est détenteur d'un record qui n'est pas prêt d'être battu, celui d'avoir été dix fois champion canadien de balle au mur. Plusieurs fois finaliste au championnat du monde, il a déjà aussi remporté les honneurs du US Open en double. Il y a quelques années, au championnat national de l'Irlande, il a été nommé le *Le joueur le plus gentilhomme au monde* (*Most Gentleman Player in the World*), un titre dont tout athlète ne peut que s'enorgueillir longtemps.

À l'adolescence, Danny a eu l'occasion de voir évoluer ses deux idoles en compétition : Naty Alvarado, le plus grand joueur de tous les temps, et Fred Lewis. Il *décida* alors de devenir un grand joueur sur le circuit mondial. Établissons clairement la différence : je dis bien il *décida* et non il *rêva*.

À l'époque, je n'avais pas la moindre idée de ses qualités d'indépendance d'esprit ni de sa propension à la rationalité. Je lui ai alors dit la phrase classique d'encouragement : « Si tu veux, tu peux », sans trop m'arrêter au sens de cette expression. Il m'a répondu : « Ça va marcher, Michel, je sais quoi faire ». Je me demandais bien ce qu'il savait faire de plus qu'un autre.

Danny « savait quoi faire » effectivement : s'entraîner, pratiquer et jouer de la balle au mur, jour après jour, pendant des mois et des années. Sa première grande récompense fut de remporter son premier championnat canadien.

Danny m'a fait comprendre beaucoup de choses sur le succès. C'est ainsi qu'à l'âge de 18 ans, j'ai découvert la planche à voile, qui est rapidement devenu mon sport favori. J'ai appliqué la méthode et la discipline de mon frère et j'ai moi aussi décidé de devenir champion de planche à voile. J'y ai mis deux ans, les moyens qu'il fallait – y compris un entraînement intensif en hiver à Hawaï –, un peu de méthode, beaucoup de rationalité : en 1981, je me classais 10ᵉ au championnat du monde, 2ᵉ au championnat canadien et 1ᵉʳ au championnat du Québec.

Mon idole, à l'époque, était Robby Naish, champion du monde, le plus grand champion de l'histoire de ce sport. La meilleure façon d'apprendre était donc de me rendre à Hawaï, lieu d'entraînement de Naish. Et voilà qu'au championnat du monde en 1981, pour la seule fois de ma vie, j'ai battu Robby Naish. Ce fut une grande récompense, une victoire exceptionnelle.

Avec mon frère Danny, j'ai été témoin de la puissance de la rationalité; par mon expérience en planche à voile, je l'ai vécue. Rationalité et indépendance d'esprit : appliquez ces deux éléments à n'importe quel domaine d'activité et le succès viendra.

Aujourd'hui, je suis en mesure de me rendre compte qu'il est plus facile d'être riche que champion dans une discipline sportive. Cela va de soi : il y a beaucoup plus de riches que de champions olympiques.

Quand nous étions jeunes, mon père nous disait souvent, à mon frère et à moi : « Le chemin long et difficile qui mène à la performance n'a pas de raccourci ». Cela s'appliquait très bien au domaine du sport. Dans le cas de l'enrichissement d'un portefeuille d'investissement, je dirais plutôt : « Le chemin long et facile qui mène à la performance n'a pas de raccourci ». Que le chemin présente plus ou moins de difficultés ne semble pas être le principal obstacle à la réussite, mais que celle-ci exige du temps... Or, cela est bien connu, la plupart des gens sont intoxiqués par la hâte et peu patients.

Miscellanées

Le plaisir de perdre

Il est possible d'avoir du plaisir à perdre de l'argent. Cette affirmation vous surprend? C'est pourtant le cas de nombreuses personnes qui fréquentent les casinos: elles consentent à perdre 50 $ ou 100 $ à y jouer pendant quelques heures. Elles aiment l'atmosphère de plaisir, l'ambiance: aller au casino, c'est un loisir, une sortie. Bien sûr, elles aimeraient bien gagner, mais après une soirée agréable au casino, elles ne sont pas amères d'avoir perdu.

Par contre, la personne qui perd à la Bourse n'est habituellement pas contente du tout. C'est que, voyez-vous, on n'entre pas à la Bourse pour s'amuser mais bien pour investir et faire profiter son argent. La Bourse n'est pas un établissement de jeux.

Il en coûte habituellement quelque chose pour s'amuser, pour jouer. D'ailleurs, l'un des plus grands casinos de Las Vegas ne s'appelle pas *Le Mirage* pour rien. C'est que, de façon générale, il n'y a rien à y gagner... mais vous pourriez avoir du plaisir à y perdre quelques dollars!

* * *

La femme ou l'homme de sa vie

Dans le monde de la finance, la perspective d'une réussite instantanée, c'est rare mais cela existe. S'il se présente un titre fabuleux, saisissez-le. Cependant, ne gaspillez pas votre temps et vos énergies à l'imaginer et à l'attendre.

C'est un peu comme en amour. La femme ou l'homme de sa vie se manifeste plutôt au moment où on s'y attend le moins. Il faut, bien sûr, saisir l'occasion qui passe...

* * *

La conquête tranquille

Dans la fable de La Fontaine, la tortue fait une conquête tranquille. Le lièvre attire davantage l'attention car son talent et son génie laissent croire qu'il devrait triompher. La tortue a un talent limité mais, par contre, elle est méthodique et disciplinée: un pas à la fois, et dans la bonne direction.

« Le vice social de l'intelligence, c'est l'indiscipline », a dit Paul Valéry. La personne qui a une intelligence disciplinée est bien armée pour atteindre le succès financier. Sa conduite méthodique est d'une grande puissance surtout si, en plus, elle a la grande sagesse de ne pas spéculer.

Presque tous les individus peuvent se soumettre à une discipline mais beaucoup optent pour autre chose. Pour la plupart des gens, être discipliné c'est faire un sacrifice. La personne qui aime la discipline et s'y soumet volontiers a une bonne longueur d'avance.

* * *

Le vainqueur est plus fort que le vaincu

> Sur le terrain de lutte – qu'elle soit économique ou militaire – une sorte de théorème général domine l'action méthodique, [...] Ce principe est assurément simple. C'est une pauvre déduction logique, ou presque rien. Le voici: « De toute façon, le vainqueur est plus fort que le vaincu. » Cette tautologie doit faire réfléchir les amateurs de combats à armes égales, car on peut l'exprimer ainsi : « Il n'y a jamais d'armes égales. » L'égalité des combattants est une vieille idée *supérieure*. C'est une superstition incompréhensible... Du principe énoncé se tire aussitôt la règle pratique de toutes les luttes : *Il faut organiser l'inégalité.*[1]

D'où l'on peut conclure que l'investisseur méthodique l'emportera presque toujours sur le spéculateur.

La réflexion de Buffett à l'effet que la Bourse est un centre de redistribution de la richesse du spéculateur vers l'investisseur s'applique au domaine du placement mais aussi aux casinos et à la loterie. À preuve : Loto-Québec a réalisé, au cours de l'exercice financier 1998–1999, un chiffre d'affaires de 3,1 milliards de dollars et un bénéfice net de 1,2 milliard de dollars! Au moins, dans ce cas, peut-on se consoler en se disant que le grand vainqueur est le gouvernement du Québec : la « ristourne » que lui versera Loto-Québec sera autant d'argent qui ne sera pas directement pris dans les poches du contribuable...

* * *

Un pari pour l'argent

Un spéculateur rencontre un investisseur et lui dit : « Veux-tu gager que je serai plus riche que toi dans 30 ans? ». L'investisseur sait qu'il remporterait le pari mais ne gage pas, par principe, car il n'est justement pas spéculateur. À ce moment-là, le spéculateur pense que l'investisseur décline sa proposition parce qu'il croit ne pas pouvoir gagner, ce qui vient renforcer chez le spéculateur l'idée que sa manière de faire est la bonne. Encouragé, le spéculateur s'entêtera à spéculer davantage...

Et, la Bourse étant un centre de redistribution de la richesse du spéculateur vers l'investisseur, celui-ci s'enrichira davantage du seul fait que le spéculateur deviendra encore plus spéculateur.

Êtes-vous prêt à parier là-dessus ?

* * *

La mémoire est une faculté qui oublie

Attention ! À la prochaine effervescence des marchés financiers, vous aurez peut-être oublié la méthode et l'approche préconisées dans ce livre. Vous pourriez alors vous remettre à spéculer sur les titres susceptibles de vous procurer de belles émotions !

* * *

S'enrichir...

Dans ses *Mauvaises pensées et autres*, Valéry écrit :

> Supposé l'homme obligé de gagner sa vie quotidienne, n'ayant ni loisirs, ni sécurité, ni habitudes. Alors disparaît toute notion de mission, d'œuvre, de créature privilégiée, de destinée unique devant

être remplie. Tout ceci donc est postérieur à l'acquisition de *réserves*, à l'assurance du lendemain, du capital accumulé. Il faut que le temps et les ressources surabondent pour être fils de Dieu, nourrisson des Muses, personnalité, pour être quelqu'un, et non *le jouet de l'instant*. Les mauvais moments, malaises, dyspnée, anxiété nous mettent dans l'état de gagner ou de garder notre vie non plus de chaque jour, mais de chaque minute. Or, *plus de pensée*, plus d'actes non réflexes, – mais une lutte, une agonie, une vie par instants, sans horizon, sans indépendance de ses conditions instantanées.[2]

* * *

L'expert ?

Un homme compétent est un homme qui se trompe selon les règles.[3]

* * *

… Notre pain quotidien

Quant à notre sens le plus central, – notre sens de l'intervalle entre le désir et la possession de son objet, qui n'est autre chose que le sens de la durée, – et qui se satisfaisait jadis de la vitesse des chevaux ou de la brise, il trouve que les *rapides* sont bien lents, que les messages électriques le font mourir de langueur.

Les événements eux-mêmes sont demandés comme une nourriture. S'il n'y a point ce matin quelque grand malheur dans le monde, nous nous sentons un certain vide. – « *Il n'y a rien aujourd'hui dans les journaux* », disent-ils.

Nous voilà pris sur le fait. Nous sommes empoisonnés.[4]

* * *

Hâtez-vous lentement

Les plus grandes âmes sont capables des plus grands vices aussi bien que des plus grandes vertus, et ceux qui ne marchent que fort lentement peuvent avancer beaucoup davantage, s'ils suivent toujours le droit chemin, que ne font ceux qui courent et qui s'en éloignent.[5]

* * *

Parier sans le savoir

Nous parions constamment sans le savoir. Très embêtés, ensuite, d'avoir parié et perdu.[6]

Combien de fois vous est-il arrivé d'acheter un titre en pensant que vous investissiez... quand vous étiez en quelque sorte en train de parier?

* * *

À l'arrivée

Petite pensée pour le spéculateur qui a eu du succès avec une transaction boursière.

> Quand nous parvenons au but, nous croyons que le chemin a été le bon.[7]

* * *

Ça ne change pas le monde, mais...

> Un homme avait le numéro de loterie 60 015. Le 60 016 sortit. Cet homme crut avoir été *près* de gagner.
>
> Tout le monde en toute occasion pense de même. J'ai *failli* tomber, mourir, faire fortune. L'histoire est pleine de ces raisonnements.
>
> Ces proximités sont imaginaires.
>
> Il n'y a de degrés que dans le SI... [8]

* * *

Jouissance, quand tu nous tiens…

Il est d'ailleurs facile de concevoir que, si les hommes qui recherchent avec passion les jouissances matérielles désirent vivement, ils doivent se rebuter aisément; l'objet final étant de jouir, il faut que le moyen d'y arriver soit prompt et facile, sans quoi la peine d'acquérir la jouissance surpasserait la jouissance.[9]

* * *

Intoxication par la hâte

Le goût des jouissances matérielles doit être considéré comme la source première de cette inquiétude secrète qui se révèle dans les actions des Américains, et de cette inconstance dont ils donnent journellement l'exemple.

Celui qui a renfermé son cœur dans la seule recherche des biens de ce monde est toujours pressé, car il n'a qu'un temps limité pour les trouver, s'en emparer et en jouir. Le souvenir de la brièveté de la vie l'aiguillonne sans cesse. Indépendamment des biens qu'il possède, il en imagine à chaque instant mille autres que la mort l'empêchera de goûter, s'il ne se hâte. Cette pensée le remplit de troubles, de craintes et de regrets, et maintient son âme dans une sorte de trépidation incessante qui le porte à changer à tout moment de desseins et de lieu.[10]

* * *

Riche ou très riche ?

Dans les sociétés aristocratiques, les riches, n'ayant jamais connu un état différent du leur, ne redoutent point d'en changer ; à peine s'ils en imaginent un autre. Le bien-être matériel n'est donc point pour eux le but de la vie ; c'est une manière de vivre. Ils le considèrent, en quelque sorte, comme l'existence, et en jouissent sans y songer.

[...]

Chez les nations où l'aristocratie domine la société et la tient immobile, le peuple finit par s'habituer à la pauvreté comme les riches à leur opulence. Les uns ne se préoccupent point du bien-être matériel, parce qu'ils le possèdent sans peine ; l'autre n'y pense point, parce qu'il désespère de l'acquérir et qu'il ne le connaît pas assez pour le désirer.

[...]

Lorsque, au contraire, les rangs sont confondus et les privilèges détruits, quand les patrimoines se divisent et que la lumière et la liberté se répandent, l'envie d'acquérir le bien-être se présente à l'imagination du pauvre, et la crainte de le perdre à l'esprit du riche. Il s'établit une multitude de fortunes médiocres. Ceux qui les possèdent ont assez de jouissances matérielles pour concevoir le goût de ces jouissances, et pas assez pour s'en contenter. Ils ne se les procurent jamais qu'avec effort et ne s'y livrent qu'en tremblant.

Ils s'attachent donc sans cesse à poursuivre ou à retenir ces jouissances si précieuses, si incomplètes et si fugitives.[11]

* * *

En terrain sûr...

[...] il semble que nous soyons en terrain sûr lorsque nous répétons les vieux aphorismes suivants : en situation de spéculation, *quand* acheter – et vendre – est plus important que *quoi* acheter ; quasiment par une loi de la mathématique, il faut qu'il y ait plus de spéculateurs qui perdent de l'argent qu'il y en ait qui en gagnent.[12]

* * *

Une certaine menace...

[...] par toutes les simplifications et les combinaisons qu'exige l'ère moderne –, par toutes les commodités qu'elle nous offre de rendre immédiates les relations entre les hommes, par la hâte qu'elle impose ou suggère à nos existences, par l'abus des moyens merveilleux d'agir et de sentir que la science a créés et l'industrie multipliés, et qui tendent à nous épargner tout effort, à remplacer l'imagination par l'image, la réflexion par les impressions, la durée par l'instant, se trouvent menacés des biens très précieux, [...][13]

Suggestions de lectures

Plusieurs librairies offrent un bon choix d'ouvrages spécialisés traitant des dimensions techniques du monde de la finance. On y trouve notamment des réponses très complètes à des questions telles que : « Comment suivre efficacement l'évolution du marché boursier? », « Comment évaluer les entreprises publiques et leur rendement? », « Comment l'évolution démographique peut-elle influencer certains secteurs d'activités économiques? ». Le présent livre ne traitant pas spécifiquement de ces questions mais plutôt de l'investisseur lui-même, je me limite ici à dire un mot sur six volumes dont je recommande la lecture à ceux et celles qui voudraient pousser plus loin leur réflexion et se renseigner en même temps sur quelques aspects plus pointus du domaine de l'investissement.

Tout d'abord, un grand classique : *Security Analysis*, de Benjamin Graham et David L. Dodd[1]. Il s'agit ici d'une réimpression de la première édition publiée en 1934 de l'ouvrage considéré partout dans le monde comme la « bible » de l'investissement et la pierre angulaire de la très grande réputation de Benjamin Graham qui, par son enseignement, ses écrits et ses records en tant que gestionnaire, est devenu un personnage dont la réputation ne cesse de croître même après sa mort. Ce sont toutes les dimensions et les questions de fond touchant les valeurs mobilières qui sont abordées dans cet ouvrage qui ne s'adresse cependant pas aux personnes qui sont peu familières avec le monde de la finance. Pour tirer profit de cet ouvrage, il faut tout au moins être à l'aise avec la terminologie et les concepts de la finance, et ce, en langue anglaise.

Un autre ouvrage de Benjamin Graham, *The Intelligent Investor*[2], est en quelque sorte un recueil de conseils pratiques. La quatrième édition révisée est préfacée par Warren Buffett. Plus accessible, cet ouvrage est carrément destiné aux profanes du monde de la finance. On y trouve des données historiques sur l'évolution des marchés et sur les principaux facteurs qui influent sur le comportement des titres. Il y est aussi question des stratégies que peuvent adopter l'investisseur plus conservateur et l'investisseur plus audacieux.

J'ai déjà dit – au début de la section portant sur les attributs et les attitudes de l'investisseur efficace – que je n'hésitais pas à conseiller la lecture des ouvrages consacrés à Buffett. Vous ne serez donc pas surpris que je suggère à tous et à toutes de lire deux ouvrages de Robert G. Hagstrom : *Les stratégies de Warren Buffett*[3] (en anglais *The Warren Buffett Way*) et *The Warren Buffett Portfolio*[4]. On trouve dans ces deux ouvrages des analyses bien documentées de la façon de penser et de la façon de faire de celui qui est considéré comme le champion de l'investissement.

The Millionnaire Next Door[5] et *Die Broke*[6] sont deux best-sellers américains qui proposent deux façons très différentes de penser sur l'argent et l'investissement. Ces deux ouvrages peuvent être utiles à des personnes qui veulent réfléchir sur leurs attitudes à l'égard de l'argent et qui veulent voir plus clair quant à leur façon d'envisager leur avenir financier.

Dans *The Millionnaire Next Door*, les auteurs nous montrent comment on peut se priver toute sa vie afin de devenir millionnaire (Quel beau prix de consolation!). On n'en trouve pas moins dans ce livre des exemples de comportements rationnels ainsi que des illustrations qui montrent comment il est très facile de gaspiller son argent.

Die Broke véhicule un message bien différent : il montre comment on peut maximiser l'utilisation de son argent de son vivant pour vivre en « première classe » et finir par mourir pauvre. À vivre selon cette approche on aura, semble-t-il, une vie bien remplie! Ce livre nous enseigne notamment qu'il n'y a rien de particulièrement noble à laisser un héritage; on y préconise plutôt de se livrer à des dons de son vivant aux personnes qu'on aime, et on y démontre les bienfaits d'une telle approche. Étant donné que l'espérance de vie est maintenant beaucoup plus élevée qu'il y a un demi-siècle, laisser un héritage à ses enfants de 50 ou 60 ans n'a plus le même sens qu'autrefois alors que les enfants étaient beaucoup plus jeunes à la mort de leurs parents.

Si vous n'êtes pas rassasié après la lecture de *Die Broke*, vous pourrez toujours lire le livre du même auteur, *Live Rich*, qui est en quelque sorte une suite logique du premier.

CONCLUSION

Pour illustrer mon propos ou pour lui donner un petit air de sensationnalisme, j'aurais pu émailler ce livre de nombreux récits, d'histoires vécues et tristement vraies tirées du quotidien de ceux qui travaillent dans le monde des valeurs mobilières. À ce moment-là, vous auriez eu droit à la narration du drame d'un « day trader » célèbre, de celui d'un individu qui a été ruiné en se fiant aveuglément aux conseils d'un supposé expert, d'une fraude extraordinaire dont a été victime une institution financière ou encore à la kyrielle des déboires de spéculateurs compulsifs. L'histoire – la grande comme la petite – est remplie de cas semblables.[1]

Cependant, mon but, en écrivant ce livre, n'étant pas de « faire peur au monde » mais bien de présenter les avantages d'une méthode et d'une approche dynamique du monde de l'investissement, j'ai mis l'accent sur des attitudes gagnantes et j'ai fait valoir les qualités et les réussites de ceux qui, à mes yeux, constituent des exemples à suivre.

En terminant, il me paraît pertinent de vous inviter à approfondir le texte qui suit de Robert G. Hagstrom, texte qu'on pourrait considérer comme un résumé du message que j'ai tenté de véhiculer tout au long de ce livre.

> « Quand vous augmentez votre compréhension du fonctionnement du monde des affaires et du comportement des titres en bourse; quand vous commencez à comprendre que des portefeuilles concentrés et bien ciblés – par opposition aux portefeuilles trop largement diversifiés – ont de meilleures chances de dépasser la performance des fonds indiciels; quand vous commencez à vous rendre compte que les portefeuilles à haut taux de roulement font croître vos coûts d'investissement alors que les portefeuilles dont le roulement des titres est faible accroissent vos éventuels retours sur l'investissement; quand vous réalisez que la chasse au prix des titres en Bourse est une folle entreprise,... alors vous commencez à disposer des éléments qui vous conduiront à adopter une approche d'investissement et à vous éloigner de la spéculation. »[2]

Voilà tout un programme... Il n'en reste pas moins accessible à l'investisseur sérieux qui, de façon toute particulière, accepte de faire jouer le temps en sa faveur.

Après tout, investir intelligemment, ce n'est pas sorcier.

Annexes

Annexe 1

Tableau 1 – Investissement initial de 100 000 $ avec un rendement de 10 % par année

Rendement sur 10 ans	Valeur finale brute	Valeur finale après impôt
10 %	259 374 $	197 218 $[2]
6,1 % (si impôt payé à chaque année)[1]		180 781 $

Rendement sur 15 ans	Valeur finale brute	Valeur finale après impôt
10 %	417 725 $	293 812 $[2]
6,1 % (si impôt payé à chaque année)[1]		243 070 $

Rendement sur 20 ans	Valeur finale brute	Valeur finale après impôt
10 %	672 750 $	449 377 $[2]
6,1 % (si impôt payé à chaque année)[1]		326 819 $

Annexe 1 *(suite)*

Tableau 1 – Investissement initial de 100 000 $ avec un rendement de 10 % par année

Rendement sur 30 ans	Valeur finale brute	Valeur finale après impôt
10 %	1 744 940 $	1 103 414 $[2]
6,1 % (si impôt payé à chaque année)[1]		590 829 $

Rendement sur 35 ans	Valeur finale brute	Valeur finale après impôt
10 %	2 810 244 $	1 753 249 $[2]
6,1 % (si impôt payé à chaque année)[1]		794 399 $

Rendement sur 40 ans	Valeur finale brute	Valeur finale après impôt
10 %	4 525 926 $	2 799 815 $[2]
6,1 % (si impôt payé à chaque année)[1]		1 068 108 $

1. En supposant que les gains en capital sont déclarés à la fin de chaque année et que l' impôt est alors payé sur 75 % des gains en capital.
2. Si l'impôt sur 75 % des gains en capital est payé en totalité à la fin de la période.

Note : Dans les deux cas, nous avons pris le taux marginal d'imposition de 1999, soit 52 %. Il s'agit du taux qui s'applique (en additionnant l'impôt provincial du Québec et l'impôt fédéral du Canada) aux personnes qui ont un revenu imposable de 62 000 $ et plus.

Annexe 2

Tableau 2 – Investissement initial de 100 000 $ avec un rendement de 20 % par année

Rendement sur 10 ans	Valeur finale brute	Valeur finale après impôt
20 %	619 174 $	416 696 $[2]
12,2 % (si impôt payé à chaque année)[1]		316 176 $

Rendement sur 15 ans	Valeur finale brute	Valeur finale après impôt
20 %	1 540 702 $	978 828 $[2]
12,2 % (si impôt payé à chaque année)[1]		562 203 $

Rendement sur 20 ans	Valeur finale brute	Valeur finale après impôt
20 %	3 833 760 $	2 377 594 $[2]
12,2 % (si impôt payé à chaque année)[1]		999 671 $

Annexe 2 *(suite)*

Tableau 2 – Investissement initial de 100 000 $ avec un rendement de 20 % par année

Rendement sur 30 ans	Valeur finale brute	Valeur finale après impôt
20 %	23 737 631 $	14 518 954 $[2]
12,2 % (si impôt payé à chaque année)[1]		3 160 718 $

Rendement sur 35 ans	Valeur finale brute	Valeur finale après impôt
20 %	59 066 823 $	36 069 762 $[2]
12,2 % (si impôt payé à chaque année)[1]		5 620 177 $

Rendement sur 40 ans	Valeur finale brute	Valeur finale après impôt
20 %	146 977 157 $	89 695 066 $[2]
12,2 % (si impôt payé à chaque année)[1]		9 993 423 $

1. En supposant que les gains de capital sont déclarés à la fin de chaque année et que l' impôt sera alors payé sur 75 % des gains en capital.
2. Si l'impôt est payé sur 75 % des gains en capital en totalité à la fin de la période.

Note : Dans les deux cas, nous avons pris le taux marginal d'imposition de 1999, soit 52 %. Il s'agit du taux qui s'applique (en additionnant l'impôt provincial du Québec et l'impôt fédéral du Canada) aux personnes qui ont un revenu imposable de 62 000 $ et plus.

Annexe 3

LE LIÈVRE ET LA TORTUE

Rien ne sert de courir; il faut partir à point:
Le Lièvre et la Tortue en sont un témoignage.
« Gageons, dit celle-ci, que vous n'atteindrez point
Sitôt que moi ce but. – Sitôt! êtes-vous sage?
Repartit l'animal léger:
Ma commère, il vous faut purger
Avec quatre grains d'ellébore.
– Sage ou non, je parie encore. »
Ainsi fut fait; et de tous deux
On mit près du but les enjeux;
Savoir quoi, ce n'est pas l'affaire,
Ni de quel juge l'on convint.
Notre lièvre n'avait que quatre pas à faire;
J'entends de ceux qu'il fait lorsque, prêt d'être atteint,
Il s'éloigne des chiens, les renvoie aux calendes,
Et leur fait arpenter les landes.
Ayant, dis-je du temps de reste pour brouter,
Pour dormir, et pour écouter
D'où vient le vent, il laisse la Tortue
Aller son train de sénateur.
Elle part, elle s'évertue,
Elle se hâte avec lenteur.
Lui cependant méprise une telle victoire
Tient la gageure à peu de gloire,
Croit qu'il y a va de son honneur
De partir tard. Il broute, il se repose;

Il s'amuse à toute autre chose
Qu'à la gageure. À la fin, quant il vit
Que l'autre touchoit presque au bout de la carrière,
Il partit comme un trait; mais les élans qu'il fit
Furent vains : la Tortue arriva la première.
« Eh bien! lui cria-t-elle, avois-je pas raison?
De quoi vous sert votre vitesse?
Moi l'emporter! et que seroit-ce,
Si vous portiez une maison?

Notes

TABLE DES MATIÈRES

1. Avertissement qui précède une table des matières d'une des œuvres de Descartes. Texte rapporté par André Bridoux dans l'introduction de *Œuvres et lettres* de Descartes, 1953, p. 22.

AVANT-PROPOS

1. Au risque de vous surprendre, je vous dirai que cela m'a graduellement amené à plonger dans la lecture des œuvres de Valéry puis de Tocqueville. Ensuite, sans doute influencé par le souvenir de mes études universitaires en physique et de mes années d'enseignement de cette matière, je me suis remis à la lecture de Descartes. Je suis en quelque sorte remonté aux sources, conscient qu'il n'était pas suffisant de prendre un temps d'arrêt : je devais aussi prendre du recul en vue de donner des assises plus solides à ma réflexion.
2. J'ai consacré environ dix-huit mois à cet exercice. Le fait d'avoir été plongé dans la conception de ce

volume à l'été 1998, c'est-à-dire pendant la période où les marchés financiers ont connu une des plus importantes corrections de l'histoire contemporaine, est venu me confirmer que l'approche que je privilégiais était vraiment la plus prometteuse : les réactions, les commentaires et les témoignages des gens de mon entourage m'en apportaient quotidiennement des preuves, ce qui est d'ailleurs encore le cas, comme on pourra le constater dans divers chapitres de ce livre.

3. Dans un portefeuille, il y a habituellement, selon les besoins de chacun, des titres à revenus fixes et des actions. Comme ce livre porte avant tout sur une démarche d'enrichissement – c'est-à-dire sur la façon de faire passer son avoir d'un ordre de grandeur à un autre –, on n'y traite pas des titres à revenus fixes.

LES RICHES

1. SULITZER, Paul-Loup. *Les Riches*, Paris, Olivier Orban, 1991, p. 9–10.
2. Il s'agit ici de familles ou encore d'individus ne participant pas à la gestion des entreprises dont elles tirent leurs revenus.
3. Sauf, peut-être, les personnes qui ont fait vœu de pauvreté... bien que les communautés religieuses qui les regroupent doivent faire fructifier leur avoir, d'une part pour pouvoir continuer à réaliser le plus longtemps possible la mission qu'elles se sont donnée et, d'autre part, pour assurer la sécurité matérielle de leurs membres actifs et de ceux qui prendront leur retraite.
4. TOQUEVILLE. *Œuvres II*, Paris, Gallimard, Bibliothèque de la Pléiade, 1992, p. 668.

LA MÉTHODE

1. Extrait du discours prononcé par Paul Valéry à la Sorbonne à l'occasion de l'inauguration du 9e Congrès international de philosophie, le 31 juillet 1937. Valéry y faisait l'éloge de Descartes. Voir VALÉRY, Paul. *Œuvres I*, Paris, Gallimard, Bibliothèque de la Pléiade, 1957, p. 800.
2. DESCARTES. *Œuvres et lettres*, Paris, Gallimard, Bibliothèque de la Pléiade, 1953, p. 68 (Extrait de la Règle IX des « Règles pour la direction de l'esprit »).
3. *Ibidem*, p. 50 (Extrait de la Règle IV des « Règles pour la direction de l'esprit »).
4. Voir l'Annexe 2. Il s'agit ici de données tirées du Tableau 2 (rendement de 20 % sur 30 ans), divisées par dix.
5. Citation de Warren Buffett rapportée par Andrew Kilpatrick dans *Of Permanent Value : The Story of Warren Buffett*, p. 808.
6. Il va cependant de soi qu'un investisseur averti ne doit pas s'entêter à garder des titres qui, même s'ils ont été achetés dans l'idée de les conserver longtemps, se retrouvent dans une position à ce point défavorable qu'il n'y a pratiquement pas de chances qu'ils s'inscrivent à nouveau sur une trajectoire de croissance. Par exemple, pensons ici à des entreprises qui, au moment de l'achat des actions, étaient solides, selon tous les critères habituels d'évaluation, mais qu'un grave accident de parcours a mis en péril. De même, l'investisseur averti fera bien de se départir d'un titre qui, pour diverses raisons et de toute évidence, devient nettement surévalué.
7. Voir la note au bas du Tableau à l'Annexe 1.

8. VALÉRY, Paul. *Œuvres I*, Paris, Gallimard, Bibliothèque de la Pléiade, 1957, p. 381.

LES ATTRIBUTS ET LES ATTITUDES DE L'INVESTISSEUR

1. KILPATRICK, Andrew. *Of Permanent Value: The Story of Warren Buffett*, Birmingham, Alabama, 1998 Edition, p. 807.
2. C'est en effet à Warren Buffett que de nombreux auteurs attribuent cet énoncé ou, du moins, un énoncé qui a le même sens et la même portée.
3. BUFFETT, Warren. Extrait souvent rapporté dans les ouvrages traitant de Buffett et cité par Andrew Kilpatrick 1998, p. 801.
4. DESCARTES. 1953, p. 71 (Extrait de la Règle X des « Règles pour la direction de l'esprit »).
5. Citation de Warren Buffett, rapportée par Andrew Kilpatrick dans *Of Permanent Value : The Story of Warren Buffett*, 1998, p. 781.
6. VALÉRY, PAUL. 1957, p. 393.
7. BUFFETT, Warren. Extrait du Rapport annuel de Berkshire Hathaway, cité par Andrew Kilpatrick, 1998, p. 801–802.
8. Citation de Warren Buffett tirée du magazine *Forbes* du 6 août 1990, et rapportée par Andrew Kilpatrick dans *Of Permanent Value : The Story of Warren Buffett*, p. 801.
9. Citation de Warren Buffett rapportée par Janet Lowe dans *Warren Buffett Speaks*, New York, John Wiley & Sons, Inc., 1997, p. 104.
10. VALÉRY, Paul. 1957, p. 985–986.

11. TOCQUEVILLE. *Œuvres II*, Paris, Gallimard, Bibliothèque de la Pléiade, 1972, p. 648.

12. EINSTEIN, Albert. *Comment je vois le monde*, Paris, Flammarion, 1979, p. 8.

13. BERKSHIRE HATHAWAY INC. *1998 Annual Report*, p. 2.

14. VALÉRY, Paul. 1957, p. 1044–1045.

15. Pour rafraîchir la mémoire de ceux et celles qui n'ont pas « fréquenté » La Fontaine depuis longtemps, j'ai cru utile de reproduire en annexe la version originale de cette fable. Cela pourra aussi être utile aux personnes à qui les changements aux programmes d'enseignement du français n'ont pas donné l'occasion de lire ou de relire ce classique.

16. TOCQUEVILLE. 1972, p. 641–642.

17. KILPATRICK, Andrew. 1998, p. 460.

MES CHAMPIONS

1. KILPATRICK, Andrew. 1998, p. 459.

2. POULIOT, François. Extrait de « Woodstock financier pour Warren Buffett », *Le Soleil*, Québec, 1er mai 1999, p. 1–2.

3. Les données présentées ici sont tirées du Rapport annuel 1998 de Berkshire Hathaway, dont l'année financière se termine le 31 décembre.

4. Il s'agit ici de la transcription de notes que j'ai prises à Omaha et que j'ai traduites. Il se peut que cela ne permette pas de rendre compte de toutes les subtilités de la pensée de Buffett et Munger sur les sujets traités.

MISCELLANÉES

1. VALÉRY, Paul. 1957, p. 977-978.
2. VALÉRY, Paul. *Œuvres II*, Paris, Gallimard, Bibliothèque de la Pléiade, 1960, p. 888 – 889.
3. *Ibidem*, p. 887.
4. VALÉRY, Paul. 1957, p. 1048.
5. DESCARTES. 1953, p. 126.
6. VALÉRY, Paul. 1960, p. 887.
7. *Ibidem*, p. 847.
8. VALÉRY, Paul. 1957, p. 382.
9. TOCQUEVILLE, 1972, p. 650.
10. *Ibidem*, p. 649.
11. *Ibidem*, p. 642 – 643.
12. GRAHAM, Benjamin, and David L. DODD. *Security Analysis*, New York, Whittlesey House, London, McGraw-Hill, 1934, p. 3.
13. VALÉRY, Paul. 1957, p. 1424.

SUGGESTIONS DE LECTURES

1. GRAHAM, Benjamin, and David L. DODD. 1934, 725 p.
2. GRAHAM, Benjamin. *The Intelligent Investor*, Fouth Revised Edition, New York, Harper Business, 1973, 341 p.
3. HAGSTROM, Robert G. *Les stratégies de Warren Buffett : l'homme qui devint milliardaire à la bourse*, Boucherville (Québec), Publications financières internationales inc., 1996, 320 p.

4. HAGSTROM, Robert G. *The Warren Buffett Portfolio*, New York, John Wiley & Sons, 1999, 246 p.
5. STANLEY, Thomas J. and William D. DANKO. *The Millionnaire Next Door*, Atlanta, Longstreet Press, 1996, 258 p.
6. POLLAN, Stephen M. and Mark LEVINE. *Die Broke*, New York, Harper Business, 1997, 304 p.

CONCLUSION

1. Si la narration de ce genre d'événements vous intéresse, je vous suggère de lire *L'homme qui a fait sauter la Barings* de Judith Rawnsley, publié par les Éditions générales FIRST en 1995. Préfacé par Paul-Loup Sulitzer, ce document de 264 pages constitue une « enquête indiscrète sur le vrai pouvoir des traders », l'affaire Nick Leeson.
2. HAGSTROM, Robert G. 1999, p. 203.

Remerciements

La préparation et la rédaction de ce livre n'auraient pas été possibles sans la complicité de mon épouse, Chantal. Elle a, entre autres choses, accordé en tout temps une oreille attentive et bienveillante aux propos dont je lui faisais part au sujet de ce livre en gestation.

Tout au long de l'élaboration de ce livre, j'ai reçu et largement apprécié les nombreux services que m'a rendus Jean-Michel Houde, dont la patience a été particulièrement remarquable dans la recherche et la vérification de documents et de données.

Des idées au texte final, il y a un immense pas à franchir. Il n'est pas évident que j'aurais pu y parvenir sans l'assistance indéfectible, efficace et diligente de Jean-Claude Sauvé. Merci beaucoup, Jean-Claude, pour votre inestimable contribution à la mise au point des textes.

Un gros merci à Diane Fleurant qui a accepté avec tant de bienveillance et de professionnalisme de copier et de recopier tous les textes. Madame Fleurant a aussi apporté une contribution appréciée à la révision des textes.

Enfin, je remercie les personnes qui ont accepté de lire mon manuscrit et de me faire part de leurs commentaires, en particulier, Me Jean Martel, avocat du cabinet Lavery, De Billy; Carol Murray, ingénieur et directeur général de Copernic Technologies; Serge Guay, professeur de sciences à la Commission scolaire de la Capitale; Alain Turcotte, professionnel au gouvernement du Québec; Martin Bouchard, président de Copernic Technologies.

Ce livre a été photocomposé en Garamond
corps 12½ sur 13 par Typo Litho Composition inc.
et imprimé par Imprimerie Transcontinental.

Imprimé au Canada